5500 Palabras más Usadas en Inglés:

Aprender Inglés para Principiantes Fácilmente-

Inglés para Adultos Básico y Practico/Consigue un Inglés Fluido Rápido

Jayden Martken

"Aprender otro idioma no es solo aprender palabras diferentes para las mismas cosas, sino aprender otra forma de pensar sobre las cosas." - **Flora Lewis**

Contenido

Prólogo

El significado más exacto y la pronunciación fonética de las palabras en inglés más sencilla para hispanohablantes

¿Te imaginas hablar inglés con fluidez en poco tiempo? ¿Superar el desafío de comunicarte con confianza en cualquier situación? ¿O conseguir mejores oportunidades laborales? **Si es tu objetivo estás en el lugar indicado.**

Te presentamos la selección de las 5500 palabras Realmente más utilizadas en este idioma, aquellas que te permitirán sumergirte completamente en la esencia de la lengua inglesa.

Es la colección más precisa en inglés y comprobada cuidadosamente por lingüistas que se emplean en todos los ámbitos de la vida de los angloparlantes. Por lo que no necesitarás nada más para aprender 100% este hermoso idioma.

En esta completa guía de inglés aprenderás:

- Más de 5500 palabras más usadas en inglés
- Significado y pronunciación exacta de las palabras en inglés
- Las Expresiones reales más empleadas
- Únicamente el vocabulario que se usa realmente en la vida real
- Y mucho más

Introducción de la guía

Se estima que más de 1600 millones de personas hablan inglés en el mundo. Por tanto, el inglés es más que un idioma; es una herramienta poderosa e indispensable que te conecta con el mundo globalizado en el que vivimos. Sin ninguna duda dominar este idioma te brindará una ventaja competitiva sin igual y una experiencia enriquecedora como persona. Así que, dar el primer paso para aprender inglés, es dar el paso hacia un futuro más amplio y lleno de posibilidades.

A continuación, te muestro las 10 principales razones para dominarlo de una vez por todas:

- **Una Comunicación Internacional:** El inglés es el idioma más hablado a nivel mundial, tan solo en estados Unidos e Inglaterra Lo hablan más de 350 millones, y a nivel mundial más de 1600 millones. Dominarlo a la perfección te facilitará la comunicación con personas de diversas culturas y países.

- **Mejores Oportunidades Laborales:** Innegablemente, Aprender inglés abre puertas a una amplia gama de oportunidades laborales nacionales e internacionales, y, por consiguiente: mejores ingresos económicos que la media. Para acceder a altos puestos Miles de empresas multinacionales requieren el dominio del inglés. Se estima que las personas en ambientes laborales que dominan este idioma ganan entre un 20 a 35 % más a los que no.

- **Viajar sin problemas:** Como ya hemos mencionado, El inglés es un idioma universal en la industria del turismo, lo que facilita en gran medida la navegación por el mundo y la exploración de nuevos destinos. Podemos comunicarnos sin problema y sumergirnos en nuevas experiencias en culturas totalmente distintas.

- **El Acceso al Conocimiento:** Se estima que el 75% del conocimiento del mundo está disponible únicamente en inglés, lo que brinda acceso a una amplia gama de todo tipo de literatura, investigaciones científicas y demás ramas, así como a materiales educativos.

- **Conexiones Cultural más amplia:** Aprender este idioma te permitirá sumergirte en la cultura anglosajona a través de diversos medios, tales como: películas, música, literatura, revistas, y programas de Tv.

- **Estudios Internacionales:** Las mejores universidades del mundo se encuentran en ese idioma, aprenderlo, será una motivación extra en dado caso quieras ir a estudiar al extranjero.

- **Como Desarrollo Personal:** Mas allá de las razones anteriores, Simplemente Dominar un nuevo idioma aumenta nuestra autoestima y confianza en nosotros mismos, abriendo nuestra mente a nuevas perspectivas como persona.

- **Tecnología y Ciencia:** Si eres amante de la tecnología, la mayoría de los avances tecnológicos y descubrimientos científicos en el mundo, suelen ser publicados primero en inglés, lo que te mantiene actualizado en estos campos. Otro motivo para aprender este bello idioma.

- **Networking:** Si lo tuyo es el ámbito social, sin lugar a dudas, el inglés te facilitara la creación de redes de contactos internacionales, lo que puede ser beneficioso en diversos ámbitos de la vida, desde lo económico, personal, o social.

Enriquecimiento Personal: Aprender inglés es una experiencia enriquecedora que te permite conectar con personas de todo el mundo y será un aliciente a tu felicidad.

Sin importar cual sea tu objetivo, dominar este idioma te traerá grandes beneficios en todos los ámbitos. Por lo tanto, te insto a que no te detengas, en este camino que estas a punto de comenzar. **¡Mucho éxito!**

Manera de estudiarlo

Aprender vocabulario es una a la razón más importante para aprender un idioma.
Pero no solo memorizarlas y ya, sino practicarlas en el día a día. A continuación,
te muestro la importancia de aprender vocabulario para dominar el inglés al cien
por ciento.

Aprender el vocabulario más usado en inglés sirve para:

Una comunicación más Efectiva: El vocabulario es la base de la
comunicación. Es el combustible, sin él no podrías hablar fluidamente. Al
aprender palabras y frases en inglés, podrás expresar tus ideas y comprender lo
que otros dicen de manera más efectiva. Sin tener que pasar estudiando horas y
horas de aburrida gramática.

Una Comprensión de Lectura: Con un extenso vocabulario en este idioma te
permitirá leer cualquier tema, y comprender textos más complejos, como libros,
artículos académicos o noticias, lo que ampliará tu conocimiento o mejorará la
inmersión en el idioma.

Una mejor Expresión Escrita y Oral: Expertos en el idioma, indican que en
promedio el nativo angloparlante usa alrededor de 5500 palabras en inglés.
Indudablemente, con un repertorio amplio de palabras y frases, podrás redactar
textos más naturales y expresarte de forma más clara, fluida y precisa en
conversaciones.

En el Éxito Académico: Un buen vocabulario es esencial para el rendimiento
académico. Te ayudará a comprender mejor los conceptos en diversas matcrias y
mejorar tus calificaciones.

Tienes una Confianza y Autoestima más alta en cualquier situación:
Dominar las 5500 palabras más usadas en este idioma, te brindará confianza para enfrentar situaciones cotidianas y profesionales, lo que aumentará tu autoestima.

En los Negocios Internacionales: Si es tu ámbito, sin lugar a dudas, un amplio vocabulario en inglés te servirá de gran ayuda para establecer relaciones comerciales internacionales y lograr acuerdos exitosos sin ningún problema.

Para Viajes y Turismo: Aprender este amplio vocabulario te facilitará comunicarte con personas de diferentes países durante tus viajes.

En Síntesis, aprender vocabulario en inglés es fundamental para una comunicación realmente efectiva, una seguridad para desenvolverte en cualquier panorama, mejores oportunidades profesionales y de esparcimiento alrededor del mundo. Es por ello que siempre lo digo, antes que todo, aprender vocabulario, Es la piedra angular para construir una sólida base en el aprendizaje del idioma inglés tal cual como un nativo.

Manera de estudiar el vocabulario en inglés de esta Guía:

***Evitaremos explicar los sonidos fonéticos, ya que se escribirán lo más preciso posible, para que el estudiante hispanohablante lo pronuncie tal cual, y no tenga que preocuparse adivinando los signos de los sonidos fonéticos. De esta manera aprenderá a pronunciar la palabra en inglés tal cual lo haría un nativo estadounidense.**

Ejemplo:

Palabra en Español	**Palabra exacta en Ingles**	Pronunciación fonética exacta
Hombro	Shoulder	(sho-ul-der)

Comencemos con las 5500 palabras más usadas en este idioma.

Capítulo 1

Todas las partes del cuerpo humano en inglés

Palabra en Español	Palabra exacta en Inglés	Pronunciación fonética exacta
1. Cabeza	- Head	- (Jɛd)
2. Nariz	- Nose -	(nouz)
3. Ojos	- Eyes -	(a-ɪz)
4. Orejas	- Ears -	(irz)
5. Frente	-Forhead	- (forjed)
6. Boca	- Mouth -	(maudth) **dth se pega la lengua en el paladar**
7. Espalda	- Back -	(bak)
8. Caderas -	Hips -	(jɪ-ps)
9. Piernas	- Legs -	(lɛ-gz)
10. Rodillas	- Knees -	(niz)
11. Estómago	- Stomach -	(stamech)
12. Cintura	- Waist	- [gu-eɪst] **recuerda la w suena como g.**
13. Manos –	Hands	- (jaendz)
14. Hombros	- Shoulders -	(sho-ul-ders)
15. Brazos	- Arms	(ar-mz)
16. Cuello	- Neck	(nek)
17. Pecho	- Chest -	(shest)
18. Codos	- Elbows -	(el-bo-uz)
19. Dedos	- Fingers -	(fɪŋgu-erz)
20. Encias	- Gum	- (gams)

Español	Ingles Palabra	Pronunciación
21. Dientes	- Teeth	- (tidth)
22. Labios	- Lips	(lips)
23. Lengua	- Tongue	(tang)
24. Cara	- Face	(feis)
25. Pelo	- Hair	(her)
26. Dientes	- Teeth -	(thiit) * **pegue su punta de lengua**

arriba de sus dientes frontales

Español	Ingles Palabra	Pronunciación
27. Bazo -	- Spleen	-(esplin)
28. Páncreas	- Pancreas -	(paenkries)
29. Hueso del muslo (fémur)	- Femur –	(fi-mər)
30. Músculos	- Muscles -	(maselz)
31. Huesos	- Bones	- (bounz)
32. Diente	-Tooth	- (thuuth)

Español	Ingles Palabra	Pronunciación
33. Hígado	- Liver	- (liver)
34. Piel	- Skin -	(skin)
35. Sangre -	Blood	- (blad)
36. Cerebro	- Brain	- (brein)
37. Dedos de los pies	- toes	- (touz)

Español	Ingles Palabra	Pronunciación
38. Vejiga	- Bladder -	(blaeder)
39. Estómago	- Stomach ' -	(stamek)
40. Intestinos	- Intestines -	(in-testinz)
41. Médula espinal	- Spinal cord -	(espainal koard)
42. Esófago	- Esophagus -	(i-se‚faeges)
43. Cuero cabelludo	-Scalp -	(eskalp)

Español	Ingles Palabra	Pronunciación
44. Cráneo -	- Skull -	(skul)
45. Rótula	- Patella -	(pe-tele)
46. Hueso de la pierna (tibia)	- Tibia -	(tibie)

47. cuerdas vocales   -vocal cords   - (vaoucal kords)

48. Ombligo   - Navel   -   (neivel)
49. Mandíbula   - Jaw   (yaa)]
50. Uñas   - Nails   - (neilz)
51. Ovarios   -Ovaries   - (ouveriz)
52. Cráneo   - Cranium   -   (kreɪniem)
53. Mejilla   -   Cheek-   (shik)

54. Clavícula -   Clavicle   -   (klaevikel)
55. Mandíbula   - Mandible   -   (mændibel)
56. Escroto   -   Scrotum   - (eskroutem)
57. Clavícula   -   Clavicle   -   (clavikel)
58. Muslo   -   Thigh   -   (thaɪ)

59. Pestaña-   Eyelas-   (ai.lash)
60. Pies   - Feet   -   (fit)
61. Dedos de los pies   - Toes   (touz)
62. Corazón   - Heart   (jaart]
63. Pulmones   - Lungs   - (langz)

64. Riñones   - Kidneys   -   (kidnis)
65. Musculatura   -   Musculature   -   (mas.kie.le.shiur)
66. Órganos vitales   - Vital organs   - (vaital ˈa-rɡenz)

67. Pantorrilla   -   Calf   -   (kæf)
68. Pómulo   -   Cheekbone-   (ˈshikboun)
69. Órganos-   Organ   -   (aorgenz)
70. Nuez de garganta -   Adam's apple-   (ædemz ˈæpel)

Español	**Ingles Palabra**	**Pronunciación**
71. Pulgar-	Thumb -	(tham)
72. Articulación-	Joint -	(yoint)
73. Sentido del oído-	Sense of hearing-	(sens of ˈhirin)

74. Peso corporal-   Body weigh-   (bɑri wu-eɪt)
75. Planta del pie-   Sole of the foot-   (soul of də fut)

76. Glande   -   Glan   (glanz)
77. Tráquea   -   Trachea -   (treikie)
78. Vena-   Vein-   (veɪn)
79. Puño-   Fist-   (fɪst)
80. Testículos   - Testicles-   (testɪkelz)
81. Vagina-   Vagina-   (veˈyaine)
82. Prepucio   -   Foreskin -   (faor-eskɪn)

83. Pezón-   Nipple-   (nipel)
84. Pupila   -Pupil   -   (piuːpel)
85. Papilas gustativas   -Taste buds -   (teɪst bɑdz)
86. Párpado-   Eyelid-   (aɪ-lɪd)

87. Sentido del tacto-   Sense of touch   - (sɛns of taush)
88. Sentido del equilibrio -   Sense of balance - (sens of ˈbælens]
89. Tobillo   -   Ankle   -   (ænkol)
90. Yema del dedo   -   Fingertip   -   (fɪngertɪp)

91. Muñeca   - Wrist   -(rist)
92. Costillas   - Ribs   -   (ribz)
93. Escápula   - Scapula   -   (skæpiʊle)
94. Cúbito   - Ulna   (alne)
95. Falanges   - Phalanges   -   (feˈlænyiz)

Español   **Ingles Palabra**   **Pronunciación**

96. Pelvis   - Pelvis   -   (pelvis)
97. Fémur   - Femur   -   (fi-meɾ)
98. Peroné   - Fibula   -   (fɪbiele)
99. Fosa nasal   -   Nasal cavity   - (neizəl ˈkaeviɾi)

100. Ceja   -   Eyebrow   -   (aibrou)

101. Vértebras   - Vertebrae   -   (verteˌbreɪ)
102. Cartílago   - Cartilage   -   (kɑrtɪleish))
103. Ligamento   - Ligament   -   (ligement)
104. Tendón   - Tendon   '(tɛnden)

105. Glúteo   -   Gluteus   - (glutiəs)
106. Espinilla   - Shi-   (shin)
107. Bigote   -   Moustache   -   (mastaesh)

108. Tendón de Aquiles - Achilles tendón   (eˈkiliz 'tendən)
109. Ano   -   Anus   -   (eines)
110. Músculo bíceps   - Biceps muscle -   (bai-seps 'masel)
111. Músculo tríceps   - Triceps muscle   - (traɪˌsɛps 'masel)
112. Genitales-   Genitals-   (yiɛnɪtelz)

113. Axila   -   Armpit-   -   (ɑ:rmpit)
114. Barba   -   Beard   -   (bird)
115. Antebrazo   -   Forearm   -   (fora-rm)

116. Tórax   - Thorax   -   (tharaeks)
117. Cóccix   - Coccyx   - (kɒksiks)
118. Músculo pectoral   - Pectoral muscle - (pekterel 'masel)
119. Esternón   -   Sternum   - (este:rnem)

Español   **Ingles Palabra**   **Pronunciación**

120. Ingle   -   Groin   -   (groin)
121. Barbilla   -   Chin   -   (shɪn)
122. Amígdalas   - Amygdalae   -   (eˈmigdeˌli)
123. Intestino delgado   - Small intestine   -   (esmol intestin)

124. Ligamento cruzado   - Cruciate ligament   -   (krushit ˈlɪgəment)
125. Pene-   Penis-   (piːnɪs)
126. Diafragma   - Diaphragm   - (daiefraeɡm)

127. Vesícula biliar -   Gallbladder   -   (galblæder)
128. Apéndice   - Appendix   - (eˈpendiks)
129. Glándulas suprarrenales   - Adrenal glands   -[eˈdrinal ɡlændz)
130. Hipotálamo   - Hypothalamus   - (haipou-thaelemes]
131. Talón-   Heel-   (ji-l)

132. Laringe   Larynx   (laerinks)
133. Glándula pineal   - Pineal gland -   (piniəl ɡlænd)
134. Latido del corazón-   Heartbeat -   (hɑrtbit)
135. Columna vertebral -   Vertebral columna   - (veːrtibrel ˈkalem)
136. Labios vaginales   -Vaginal lips ˈ   (væ.yi.nel lɪps)
137. Intestino grueso   -   large intestine   (larch intestin)

Cabe mencionar que existen más de 300 palabras relacionadas con el cuerpo humano, sin embargo, las 131 palabras mencionadas en este apartado son las más utilizadas por el nativo angloparlante promedio. El resto de vocabulario suelen ser manejados por especialistas. Por lo que no fueron mencionados aquí debido a que no suelen ser utilizadas por el ciudadano común en Estados Unidos e Inglaterra.

Capítulo 2

Todas las frutas, vegetales, legumbres y frutos secos más usados

Español	Inglés Palabra	Pronunciación
138. Plátano	- Banana -	(benæne)
139. Limón	- Lemon -	(lemen)
140. Mora -	Blackberry	(blæk‚bɛri)
141. Dátil	- Date-	(deɪt)
142. Pera	- Pear -	(per)
143. Manzana	- Apple -	(aepel)
144. Piña	- Pineapple -	(painæpol)
145. Sandía	- Watermelon -	(wuarərmelen)
146. Naranja	- Orange -	(oranch)]
147. Cereza	- Cherry -	(shɛri)
148. Zarzamora	Blackberry -	(blæk‚bɛri)
149. Arándano	- Blueberry -	(blu-bɛri)
150. Membrillo -	Quince -	(kuins)
151. Uva	- Grape -	(greip)
152. Melón	- Melon	- (melen)
153. Fresa	- Strawberry —	(stra‚bɛri)
154. Mango	- Mango -	(mængoʊ)
155. Mandarina	- Tangerine -	(tænyeˈrin)
156. Fresa -	Strawberry -	(stra‚bɛrri)

Español	Inglés Palabra	Pronunciación
157. Papaya	- Papaya	- (peˈpaie)
158. Frambuesa	- Raspberry -	(ræz-bɛri)
159. Kiwi	- Kiwi -	(kiwui)
160. Durazno /Melocotón	- Peach -	(pitsh)
161. Higo	- Fig -	(fig)
162. Guayaba	- Guava -	(guɑve]
163. Mora	- Blackberry	- ˈ(blæk ˌbɛri)
164. Níspero	- Loquat -	(loʊˌkuɑt)
165. Grosella	- Gooseberry -	(gus-bɛri)
166. Arándano	- Blueberry	- (bluˌbɛri)
167. Ciruela	- Plum -	(plam)
168. Cerezas -	Sour cherries -	(saʊr sheriz)
169. Lima -	Lime -	(laɪm)
170. Granada	- Pomegranate	- (pam-grænit)
171. Pepino -	Cucumber	- (kiuˌkambər)
172. Chirimoya	- Custard apple -	(kastərd ˈæpel)
173. Cacao	- Cacao	- (keˈkaʊ)
174. Cítricos	- Citrus fruits -	(sitrɛs fruts)
175. Toronja -	Grapefruit -	(greipfruːt)
176. Caña -	Sugarcane -	(shʊgər-keɪn)
177. Almendra	- Almond -	(ɑlmend)
178. Nuez moscada	- Nutmeg	- (natmeg)
179. Nuez de la India -	Indian almond -	(ɪndiən ˈɑlmənd)
180. Avellana	- Hazelnut -	(heɪzelnat)
181. Semilla de linaza	- Flaxseed -	(flæksˌsid)
182. Nuez	- Walnut -	(wual-nat)
183. Semilla de calabaza	- Pumpkin seed —	(pampkɪn sid)

Español	Inglés Palabra	Pronunciación
184. Semilla de ajonjolí	- Sesame seed -	(sesemi sid)
185. Pistacho	- Pistachio	- [pɪ-stashiou)
186. Semilla de chía	- Chia seed	– (shie sid)
187. Nuez de Brasil	- Brazil nut	- (breˈzɪl nat)
188. Semilla de mostaza -	Mustard seed -	(mastərd sid)
189. Castaña	- Chestnut -	(shɛs-nat]
190. Semilla de girasol	- Sunflower seed –	(sanˌflauer sid)
191. Cebolla	- Onion -	(aniən)
192. Zanahoria	- Carrot -	(kæret)
193. Pepino -	Cucumber -	(kiu:kamber)
194. Lechuga	- Lettuce -	(ˈlerɪs)
195. Tomate -	Tomato –	(teˈmeirou
196. Pimiento	- Bell pepper -	(bel ˈpepər)
197. Calabacín -	Zucchini -	(zu-ki-ni)
198. Brócoli	- Broccoli -	(brɑ-kalɪ]
199. Espinaca -	Spinach -	(spɪnich)
200. Patata /Papa -	Potato -	(poteirou)
201. Coliflor -	Cauliflower -	[ˈkɑːlɪˌflauər]
202. Pimiento picante /chile-	Chili pepper -	(shili peper)
203. Brócoli -	Broccoli-	(brakeli)
204. Betabel /Remolacha -	Beetroot -	(bitrut)
205. Espárrago -	Asparagus -	(espæregəs)
206. Espárragos-	Asparagus -	(eˈspæreges)
207. Remolacha -	Beet -	(bi-t)

Español	Inglés Palabra	Pronunciación
208. Ajo -	Garlic -	(gɑ-rlɪk)
209. Col / Repollo -	Cabbage –	(kæbɪsh)
210. Puerro -	Leek -	(li-k)
211. Habas-	Broad beans-	(brɑad -biːnz)
212. Chícharo / Guisante -	Pea -	(piː)
213. Garbanzos-	Chickpeas -	(shɪk-piz)
214. Espinacas-	Spinach-	(spɪnɪsh)]
215. Frijoles-	Beans-	(binz)
216. Perejil -	Parsley –	(pɑrsli)
217. Calabaza *color naranja gorda -	Pumpkin -	(pʌmpkin)
218. Rabano -	Radish -	(rædɪsh)
219. Calabacita	- Squash -	(skuash)
220. Lentejas-	Lentils-	(lɛntəlz)
221. Legumbres-	Legumes-	(lɛgiu-mz)
222. Apio -	Celery -	(sɛləri)
223. Maíz -	Corn -	(Korn)
224. Alcachofa -	Artichoke -	(rtɪshoʊk)
225. Col rizada -	Kale -	(keɪl)

Capítulo 3

Todo el vocabulario relacionado al Clima más usado en inglés

Español	Inglés Palabra	Pronunciación
227. Tiempo	- Weather -	(wu-eder)
228. Tormenta	- Storm -	(estarm)
229. Nubes	- Clouds -	(klaudz)
230. Lluvia ligera	- Drizzle -	(drɪzel)
231. Rayo	- Lightning -	(laɪtnɪŋ)
232. Trueno	- Thunder -	(thander)
233. Lluvia	- Rain -	(reɪn)
234. Clima	- Climate -	(klaɪmet)
235. Nieve	- Snow -	(snoʊ)
236. Nevada	- Snowfall -	(snou̩fol)
237. Copo de nieve	- Snowflake -	(snou̩fleɪk)
238. Sol -	Sun -	(san)
239. Lluvia intensa	- Heavy rain -	(jevi reɪn)
240. Tormenta eléctrica	- Thunderstorm -	(thander̩starm)
241. Tifón	- Typhoon -	(tai'fu-n)
242. Viento fuerte	- Strong wind -	(strɔŋ wu-ɪnd)
243. Viento	- Wind -	(wu-ɪnd)
244. Tornado	- Tornado -	(tar-neɪdou)
245. Granizo	- Hail -	(jeil)

Español	Inglés Palabra	Pronunciación
246. Ciclón	- Cyclone –	(saiklen)
247. Viento suave	- Gentle breeze -	yientel bri-z]
248. Huracán	- Hurricane -	(jeri-kein]
249. Caliente	- Hot -	(hat)
250. Brisa	- Breeze	- (briz)
251. Niebla	- Fog	- (fag)
252. Frío	- Cold -	(kould)
253. Templado	- Mild -	(maild)
254. Humedad	- Humidity	- (hiu-mideri)
255. Temperatura	- Temperature –	(tempərshər)
256. Marea -	Tide -	(taid)
257. Marea alta	- High tide -	(hai taid)
258. Arcoíris	- Rainbow -	(reinbou)
259. Parcialmente nublado	- Partly cloudy -	(partli 'klaudi)
260. Precipitación	- Precipitation –	(pri-sipi'teishən)
261. Nublado	- Cloudy -	(klaudi)
262. Escarcha	- Frost -	(frast)
263. Humo -	Smoke -	(smouk)
264. Helado	- Freezing -	(fri:ziŋ)
265. Despejado	- Clear -	(klir)
266. Presión alta	- High pressure -	(hai -prɛshər)
267. Marea baja	- Low tide -	(lou -taid)
268. Frente estacionario	- Stationary front -	(steishe-nɛri frant)
269. Presión baja	- Low pressure -	(lou 'prɛshər)
270. Frente frío	- Cold front -	(kould frant)

Español	**Inglés Palabra**	**Pronunciación**
271. Presión atmosférica	- Atmospheric pressure -	(ætmes-ferɪk ˈpresher)
272. Pronóstico del tiempo	- Weather forecast -	(wu-ɛdər ˈfoʊkæst)
273. Agua nieve	Sleet-	(sli-t)
274. Día soleado-	Sunny day-	(sani dei)
275. Caluroso-	Hot-	(hat)
276. Chubasco -	Shower	(shaʊər)
277. Húmedo -	Humid	(hiuːmɪd)
278. Llovizna	-Drizzle -	(drɪzel)
279. Tsunami	-Tsunami -	(suˈnɑ-mi)
280. Arroyo-	Stream -	(striːm)
281. Lluvioso-	Rainy -	(reini)
282. Neblina	Mist -	(mɪst)
283. Relámpago-	Lightning-	(laɪtnɪŋ)
284. Rocío -	Dew-	(diu)
285. Seco-	Dry -	(draɪ)
286. Sol -	Sun -	(san)
287. Agua estancada -	Stagnant wáter -	(estægnənt ˈwua-tər)
288. Ventisca -	Blizzard -	(blɪzerd)
289. Abrevadero -	Watering hole -	(wuarərɪŋ jjeul)
290. Luz solar -	Sunlight -	(sanlaɪt)
291. Río-	River -	(rivər)
292. Manantial -	Spring (natural)-	(sprɪŋ)
293. Ciclón	Cyclone -	(saɪkləʊn)
294. Derretirse	To melt	- (tʊ ˈmɛlt)
295. Sequía -	Drought	- (draʊt)
296. Tormenta de nieve	Snowstorm -	(snoʊsto-rm

Español	Inglés Palabra	Pronunciación
297. Tempestad -	Storm -	(stoːrm)
298. Muelle	Dock-	(dak)
299. Torbellino -	Whirlwind -	(wuirːlwu-ɪnd]
300. Cascada -	Waterfall -	(wuarərfol)
301. Humedad -	Humidity -	(hiuːˈmɪdɪri)
302. Aguas termales -	Hot springs -	(hat sprɪŋz)
303. Orilla del mar -	Seashore -	(siːshor)
304. Agua salada -	Saltwater -	(soltwɔuarer)
305. Marea alta -	High tide -	[haɪ-taɪd]
306. Agua potable -	Drinking wáter -	(drɪŋkɪŋ ˈwuarer)
307. Agua de mar -	Seawater -	(siːwuarer)
308. Mar -	Sea -	(si)
309. Laguna-	Lagoon -	(ləˈguun)
310. Acueducto -	Aqueduct -	(ækwiːdʌkt)
311. Lago -	Lake -	(leɪk)
312. Pozo de agua-	Water well -	(wua-rer wu-ɛl)
313. Marea-	Tide-	(taɪd)
314. Acuífero	- Aquifer-	(ækwi-fer)

Capítulo 4

Todo el vocabulario relacionadas a Viajes más usadas en inglés

Español	Inglés Palabra	Pronunciación
315. Equipaje	- Luggage	- (laguesh)
316. Vuelo	- Flight	- (flait)
317. Pasajero	- Passenger	- (pæsenyər)
318. Maleta	- Suitcase	- (sut-keis)
319. Avión	- Airplane	- (er-pleɪn)
320. Bolso de mano	- Carry-on bag	- (kerriˌan baɡ)
321. Piloto	- Pilot -	(paɪlot)
322. Salida	- Departure	- (dɪˈpɑrtshər)
323. Tarjeta de embarque	- Boarding pass	- (bardɪŋ pas)
324. Despegue	- Takeoff	- (teɪkaf)
325. Aterrizaje	- Landing	- (lændin)
326. Control de seguridad	- Security check	- (sɪ-kiʊrɪti sheck))
327. Asiento	- Seat	- (sit)
328. Cinturón de seguridad	- Seat belt	- (sit belt)
329. Llegada	- Arrival	- (eˈraɪvəl)
330. Pasillo	- Aisle	- (ail)]
331. Azafata -	Flight attendant	-(flaɪt əˈtendənt)
332. Chaleco salvavidas	- Life vest -	(laɪf vest)
333. Destino -	Destination-	(dɛstɪˈneɪshən)
334. Tripulación	- Crew	- (kru)
335. Ventanilla	- Window seat	- (wu-ɪndoʊ sit)

Español	Inglés Palabra	Pronunciación
336. Anuncio	- Announcement	- (e-naunsment)
337. Retraso	- Delay -	(dɪ'leɪ)
338. Aterrizar -	To land -	(tu 'lænd)
339. Salida de emergencia -	Emergency exit -	(ɪ'meryənsi 'eksɪt)
340. Máscara de oxígeno -	Oxygen mask -	(ɑksyən mæsk)
341. Bandeja de comida -	Meal tray-	(mil treɪ)
342. Aterrizaje de emergencia-	Emergency landing-	(ɪ'meryənsi 'lændɪŋ)
343. Cabina-	Cabin-	(kæbɪn)
344. Boleto de avión-	Airplane ticket-	(ɛrpleɪn 'tɪkɪt)
345. Cancelado	- Canceled -	(kænseld)
346. Tomar unas vacaciones-	Take a vacation -	-(teɪk e veɪ-keɪshen)
347. Escala -	Layover -	(leɪouvər)
348. Puerta de embarque	- Boarding gate	- (bardɪŋ geɪt)
349. Conexión	- Connection	- (ke'nɛkshən)
350. Turbulencia	- Turbulence	- (terbiələns)
351. Aduana-	Customs-	(kastemz)
352. Equipaje de mano -	Carry-on luggage	- (kærri an'laguesh)]
353. Bote -	Boat	(boʊt)
354. Barco	- Ship-	(shɪp)
355. Carro -	Car-	(kɑr)
356. Bicicleta-	Bicycle-	(baɪsɪkol)
357. Moto-	Motorcycle-	(moʊrər͵saɪkol)
358. Camión-	Truck-	(trak)

Español	Inglés Palabra	Pronunciación
359. Visa	- Visa	- (vi-zə)
360. Reservación	- Reservation	- (rezer-veɪshən)
361. Pasaporte	- Passport	(pæsport)
362. Aeropuerto	- Airport	- (erˌport)
363. Destino	- Destination	- (dɛstəˈneɪshən)
364. Desembarcar	- Disembark	- (dɪsɪm-bɑrk)
365. Viaje	- Trip -	(trip)
366. Turista	- Tourist -	(turɪst)
367. Vacaciones -	Vacation -	(vekeɪshən)
368. Viajar -	Travel -	(trævel)
369. Hotel	- Hotel	-(joʊ-tel)
370. Pasajero	- Passenger	- (pæsenyer)
371. Vuelo -	Flight	- (flaɪt)
372. Maleta	- Suitcase	- (sutˌkeis)
373. Mochila	- Backpack	- (bækˌpæk)
374. Terminal -	Terminal	- (termɪnal)
375. Embarcar /Abordar -	Board	- (bord)
376. Mapa	- Map	- (mæp)
377. Recorrido / Tour	- Tour	- (tʊr)
378. Escala	- Layover	- (leɪouver)
379. Agencia de viajes	- Travel agency	- (trævəl ˈeɪyənsi)
380. Monumento	- Monument	- (maniemənt)
381. Atracción turística	- Tourist attraction	- (turɪst e-trækshen)
382. Estación de tren	- Train station	- (treɪn -steɪshen)
383. Pasaporte	- Passport	- (pæsport)
384. Tren	- Train	- (treɪn)
385. Billete / Boleto	- Ticket	- (tɪkɪt)
386. Equipaje	- Luggage	- (laguesh)
387. Guía turístico	- Tour guide	- (tʊr ɡa-ɪd)

Español	Inglés Palabra	Pronunciación
388. Carretera	- Highway	- (haɪweɪ)
389. Estacionamiento / Aparcamiento	- Parking lot	- (pɑrkɪŋ lɒt)
390. Autopista	- Freeway	- (fri‚weɪ)
391. Conductor / Chofer	- Driver -	(draiver)
392. Parada de autobús	- Bus stop -	(bas-stap)
393. Semáforo	- Traffic light	- (træfɪk laɪt)
394. Tráfico	- Traffic	- (træfɪk)
395. Peaje	- Toll	- (toʊl)
396. Calle	- Street	- (strit)
397. Cruce	- Intersection	- (ɪnterˈsɛkshen)
398. Autobús	- Bus -	(bas)
399. Taxi	- Taxi	- (tæksi)
400. Dirección	- Direction	- (dɪˈrɛkʃən)
401. Plaza / Plazoleta	- Square	- (skwɛr)
402. Boleto de avión	- Plane ticket	- (pleɪn ˈtɪkɪt)
403. Crucero	- Cruise	- (kruz)
404. Avenida	- Avenue -	(æveniu)
405. Edificio -	Building	- (bildɪŋ)
406. Casa	- House	- (jaʊs)
407. Carretera	- Highway -	(jaiwuei)
408. Plaza -	Square -	(eskuer)
409. Ciudad	- City	- (siti)
410. Puerto	- Port	- (pɔrt)
411. Tarifa -	Fare	- (fer)
412. Excursión	- Excursion	- (ɪkskershən)
413. Alquiler de coche	- Car rental	- (kɑr ˈrentəl)
414. Calle	- Street -	(estrit)
415. Mercado	- Market -	(mɑrkit)

Español	Inglés Palabra	Pronunciación
416. Tienda	- Store -	(stor)
417. Cafetería -	Café -	(kæˌfeɪ)
418. Parque -	Park -	(pɑrk)
419. Hospital -	Hospital -	(jaspɪrol)
420. Escuela	- School -	(eskul)
421. Aeropuerto	- Airport -	(erport)
422. Mezquita	- Mosque -	(mask)
423. Parada de autobús	- Bus stop -	(bas stap)
424. Cine	- Cinema -	(sɪnemə)
425. Estación de autobús -	Bus station -	(bas -steɪshən)
426. Restaurante	- Restaurant -	(restrant)
427. Semáforo	- Traffic light -	(træfɪk laɪt)
428. Banco	- Bank -	(bæŋk)
429. Apartamento	- Apartment	- (epɑrtment)
430. Universidad	- University	- (iuːnɪˈveːrsɪti)
431. Oficina -	Office -	(afɪs)
432. Catedral	- Cathedral -	(keˈthi-drəl)
433. Templo	- Temple -	(tɛmpel)
434. Biblioteca	- Library -	(laɪ-breri)
435. Estación de tren	- Train station -	(treɪn -steɪshən)
436. Museo	- Museum -	(miu-zi-əm)
437. Puente	- Bridge -	(brɪdch)
438. Cruzar	- Cross	- (kras)
439. Teatro	- Theater -	(thi-ərər)
440. Sinagoga	- Synagogue -	(sɪnəˌgag)
441. Banco (sentarse)	- Bench	- (bentsh)
442. Estacionamiento / Aparcamiento	- Parking lot	- (pɑrkɪŋ lat(

Español	Inglés Palabra	Pronunciación
443. Parada de taxis	- Taxi stand	- (tæksi stænd)
444. Alrededores-	Surroundings-	(sə-raʊndiŋz
445. Iglesia	- Church -	(shertsh)
446. Rascacielos	- Skyscraper	- (skaɪ-skreɪper)
447. Fuente	- Fountain	- (fauntɪn)
448. Iglesia -	Church -	(she-rtsh)
449. Comisaría -	Police station	- (pelis-steɪshən)
450. Monumento	- Monument	- (maniəmənt)
451. Paso de peatones-	Pedestrian crossing -	(pɛ-destrien -krasɪŋ)
452. Oficina de correos -	Post office -	(poʊst -ˈafɪs)
453. Metro -	Subway -	(sabwu-eɪ)
454. Universidad -	University-	(iuːnɪ-versɪti)
455. Instituto -	Institute-	(ɪnstɪ-tiut)
456. Callejón	Alley / Alleyway	-(æli)
457. Autobús	- Bus -	(bʌs)
458. Moto / Motocicleta	- Motorcycle	- (mourərˌsaɪkol)
459. Tráfico	- Traffic	- (træfɪk)
460. Conducción	- Driving	- (draɪvɪŋ)
461. Semáforo	- Traffic light	- (træfɪk laɪt)
462. Crucc	- Intersection	(ɪnter sekshen)
463. Carretera	- Highway	- (haɪweɪ)
464. Avenida	- Avenue	- (ævəniu)
465. Coche / Automóvil -	Car / Automobile	(otəmoʊˌbil)
466. Límite de velocidad	- Speed limit	- (espid ˈlɪmɪt)
467. Multa	- Fine / Ticket	- (faɪn /ˈtɪkɪt)
468. Calle	- Street	- (estrɪt)
469. Peaje	- Toll -	(toʊl)
470. Velocidad	- Speed -	(espid)

Español	Inglés Palabra	Pronunciación
471. Cambiar de carril	- Change lanes	- (sheɪndch leɪnz)
472. Parar	- Stop	- (estap)
473. Cruce de peatones	- Pedestrian crossing	- (pɪ-dɛstriən ˈkrasɪŋ)
474. Pasajero	- Passenger	- (pæsenyər)
475. Ceder el paso	- Yield	- (yild)
476. Maniobra	- Maneuver	- (menuvər)
477. Cinturón de seguridad	- Seat belt	- (sit belt)
478. Adelantar	- Overtake	- (ouvər-teɪk)
479. Atasco	- Traffic jam-	(træfɪkyæm)
480. Conductor / Chofer	- Driver	- (draɪver)
481. Vuelta	- Turn	- (tern)
482. Acelerador -	Accelerator -	- (æk-sɛlə-reɪrər)
483. Embrague	- Clutch	— (klatch)
484. Palanca de cambios	- Shift stick	- (shɪft estɪk
485. Freno	- Brake	- (breik)
486. Espejo retrovisor	- Rearview mirror	- (rɪrviu mɪrer)
487. Luces	- Lights	- (laɪts)
488. Autopista	- Freeway	- (fri ˌwu-eɪ)
489. Carril	- Lane	- (leɪn)
490. Camión	- Truck -	(trak)
491. Estacionamiento / Aparcamiento	- Parking lot	- (pɑrkɪŋ lat)
492. Bocina / Claxon	- Horn	- (jorn)
493. Intermitente -	Turn signal / Indicator	- (tern ˈsɪgnel)
494. Carril de bici	- Bike lane	- (baɪk leɪn)
495. Llanta	- Tire -	(taiər)
496. Parabrisas	- Windshield	- (wu-ɪnd-shild)
497. Gasolina-	Gasoline -	(gæsə ˌlin)
498. Carretera interestatal-	Interstate highway-	(ɪntəresteɪt ˈjaɪwu-eɪ)

Español	Inglés Palabra	Pronunciación
499. Glorieta-	Traffic circle-	(ˈtræfɪk ˈserkol)
500. Bache -	Pothole-	(patˌjoʊl)
501. Choque de carros-	Car crash / Car accident-	(kar kræsh)
502. Curva -	Curve -	(kerv)
503. Precaución-	Caution-	(ko-shen)
504. Patrulla de caminos-	Highway patrol-	(jaɪwueɪ ˈpæ-troʊl)
505. Asiento trasero-	Backseat -	(bækˌsit)
506. Foco delantero-	Headlight-	(jɛd-laɪt)
507. Camión de remolque-	Tow truck-	(toʊ trak)
508. Depósito de combustible-	Fuel tank -	(fiul-tæŋk)
509. Llanta ponchada-	Flat tire-	(flæt ˈtaier)
510. Kilómetros-	Kilometers-	(kɪle-mirərz)
511. Volante-	Steering Wheel-	(stiriŋ wuil
512. Transporte público -	Public transportation -	(pablɪk ˌtrænspɔrˈteɪshən)
513. Grúa-	Crane -	(kreɪn)
514. Clases de conducción -	Driving lessons[ˈdraɪvɪŋ - ˈ	(lɛsenz)
515. Carretera principal -	Main road -	(meɪn roud)
516. Accidente-	Accident-	(æk.se-dənt)
517. Embotellamiento-	Traffic jam-	(træfɪk yaæm)
518. Callejón sin salida-	Dead-end Street-	(dɛd ˈend estrit)
519. Patrulla estatal-	State patrol-	(steɪt -pətroʊl)
520. Seguridad personal -	Personal safety-	(persenəl ˈseɪfti)
521. Peatón-	Pedestrian-	(peˈdɛstriən)
522. Prohibido aparcar -	No parquin-	(noʊ ˈparkɪŋ)
523. Kilómetros por hora-	Kilometers per hour-	(kɪle-mirərz pər ˈauər)

Capítulo 5

Todo el vocabulario de toda clase de animales más usados en inglés

Palabra en Español	Palabra exacta en Inglés	Pronunciación fonética exacta
525. Buitre	- Vulture	- (valtsher)
526. Gaviota	- Seagull	- (si-gal)
527. Loro	- Parrot	- (pæret)
528. Cotorra	- Parakeet	- (pærekit)
529. Ave	- Bird	- (berd)
530. Águila	- Eagle	- (i-gol)
531. Flamenco	- Flamingo	- (fle-mɪŋgou)
532. Cóndor	- Condor	- (kandor)
533. Albatros	- Albatross	- (ælbətrɒs)
534. Halcón	- Falcon	- (fælken)
535. Pato	- Duck	- (dak)
536. Cisne	- Swan	- (suan)
537. Ganso	- Goose	- (guːs)
538. Pavo real	- Peacock	- (pikak]
539. Pichón /Paloma -	Pigeon / Dove	- (pishən/ dav)
540. Pavo	- Turkey	- (te-rki)
541. Pelícano	- Pelican	- (pelɪken)
542. Murciélago	- Bat	- (bæt)
543. Mariposa	- Butterfly	- (baterflai)
544. Libélula	- Dragonfly	- (drægenflai)
545. Búho	- Owl -	(aul)
546. Cigueña	- Stork	- (storƙ)
547. Lechuza	- Barn owl	- (barn aul)
548. Colibrí	- Hummingbird	- (hamɪŋ-berd)

Español	Inglés Palabra	Pronunciación
549. Ruiseñor	- Nightingale	- (naitɪŋgu-eɪl)
550. Urraca	- Magpie -	(mægpai
551. Golondrina	- Swallow	- (sualoʊ)
552. Avispa	- Wasp	- (wuasp)
553. Pájaro carpintero-	Woodpecker -	(wʊd-pekeɾ)
554. Avestruz-	Ostrich-	(astɾɪch)
555. Polilla	- Moth	- (math)
556. Pollito-	Chick-	shik)
557. Periquito-	Parakeet / Budgerigar-	(pærekit)
558. Gavilán	- Hawk	- (hok)
559. Garza	- Heron	- (heɾen)
560. Tucán-	Toucan-	(tukæn)
561. Búho-	Owl-	(aul)
562. Cuervo-	Raven-	(ɾeiven)
563. Codorniz-	Quail-	(kueɪl)
564. Mosquito	- Mosquito	- (məˈskiroʊ)
565. Abeja	- Bee	-(bi)
566. Avispa	- Wasp	-(wua-sp)
567. Hormiga	- Ant	- (ænt)
568. Escarabajo	- Beetle	- (bi-təl)
569. Libélula	- Dragonfly	- (drægenflai)
570. Saltamontes	- Grasshopper	- (græsjapeɾ)
571. Langosta	- Locust	- (lɑkest)
572. Chinche hedionda	- Stink bug	- (stiŋk bag)
573. Insecto	- Insect -	(ɪnsekt)

Español	Inglés Palabra	Pronunciación
574. Mariquita	- Ladybug	- (leɪdiˌbag)
575. Mosca	- Fly	- (flaɪ)
576. Mosca-	Fly -	(flaɪ)
577. Mosca de la fruta	- Fruit fly	- (frut flaɪ)
578. Grillo	- Cricket	- (krɪkɪt)
579. Cucaracha	- Cockroach	- (kɑ-krouch)
580. Pulga	- Flea	- (fli:)
581. Tábano	- Horsefly	- (horsflaɪ)
582. Moscardón	- Hornet	- (hornit)
583. Piojo	- Louse	- (laus)
584. Gusano de seda-	Silkworm-	(sɪlk-wuɔrm)
585. Mantis religiosa-	Praying mantis-	(preiiŋ ˈmæntis)
586. Termita -	Termite -	(termait)
587. Calamar	- Squid	- (eskuɪd)
588. Ciempies	- Centipede	- (sentipid)
589. Escorpión	- Scorpion	- (eska-rpien)
590. Tijereta	- Earwig	- (ɪrwu-ig)
591. Zancudo -	Mosquito -	(meˈskitoʊ)
592. Pulgón	- Aphid	- (eɪfɪd)
593. Araña	- Spider	- (espaider)
594. Pulpo	- Octopus	- (aktepes)
595. Hormiga de fuego	- Fire ant	- (faier ænt)
596. Pez	- Fish	- (fish)
597. Delfín	- Dolphin	- (dalfɪn)
598. Tortuga marina	- Sea turtle	- (si: ˈterotl̩)
599. Cocodrilo	- Crocodile	- (krake-daɪl)

Español	Inglés Palabra	Pronunciación
600. Pingüino	- Penguin	- (pɛŋgu-ɪn)
601. Almeja	- Clam	- (klæm)
602. Chinche	- Bedbug	- (bedbag)
603. Medusa	- Jellyfish	- (yelɪ-fish)
604. Rana	- Frog	- (fɾɑg)
605. Nutria	- Otter	- (atər)
606. Castor	- Beaver	- (bi-veɾ)
607. Pato	- Duck	- (dak)
608. Cisne	- Swan	- (suan)
609. Ostra	- Oyster	- (aɪstər)
610. Estrella de mar	- Starfish	- (star-fish)
611. Gato	- Cat	- (kæt)
612. Elefante	- Elephant	- (elɪfent)
613. Foca	- Seal	- (si-l)
614. León marino	- Sea lion	- (si: ˈlaien)
615. Ballena	- Whale	- (wu-eɪl)
616. Tiburón	- Shark	- (shɑrk)
617. Hipopótamo	- Hippopotamus	- (hɪpəˈpatemes)
618. Pez	- Fish	- (fish)
619. Trucha	- Trout	- (traut)
620. Salmón	- Salmon	- (sælmen)
621. Atún	- Tuna	- (tu-nə)
622. Anguila	- Eel	- (il)
623. Pez volador	- Flying fish	- (flaɪɪŋ ˌfɪsh)
624. Raya	- Stingray	- (stɪn-reɪ)
625. Bagre	- Catfish	- (kætˌfɪsh)

Español	Inglés Palabra	Pronunciación
626. Oso	- Bear	- (ber)
627. Tigre	- Tiger	- (taɪger)
628. Jirafa	- Giraffe	- (yiˈræf)
629. Caballo	- Horse	- (hors)
630. Hipopótamo	- Hippopotamus	- (hɪpe-patəməs)
631. Oveja	- Sheep	- (ship)
632. León	- Lion	- (laɪən)
633. Cebra	- Zebra	- (zebrə)
634. Ardilla	- Squirrel	- (ski-rrel)
635. Tilapia	- Tilapia	- (tɪˈlɑ-pie)
636. Pez espada	- Swordfish	- (sord-fish)
637. Carpa	- Carp	- (ka-rp)
638. Vaca	- Cow	- (kaʊ)
639. Cerdo / Puerco	- Pig	- (pɪg)
640. Bacalao	- Cod	- (kad)
641. Ciervo	- Deer	- (dir)
642. Cabra	- Goat	- (gout)
643. Gorila	- Gorilla	- (gerɪle)
644. Chimpancé	- Chimpanzee	- (shɪmpæn-ziː)
645. Sardina	- Sardine	- (sar-din)
646. Zorro	- Fox	- (faks)
647. Lobo	- Wolf	- (wulf)
648. Perro	- Dog	- (dag)
649. Anchoa	- Anchovy	- (æntshevi)
650. Langosta	- Lobster	- (labstər)
651. Cangrejo	- Crab	- (kræb)

Español	Inglés Palabra	Pronunciación
652. Conejo	- Rabbit	- (ræbɪt)
653. Rata	- Rat	- (ræt)
654. Rana	- Frog	- (fraɡ)
655. Armadillo	- Armadillo	- (arme-dɪlou)
656. Cocodrilo	- Crocodile	- (krakə-daɪl)
657. Tortuga	- Turtle -	(terotl)
658. Iguana	- Iguana	- (ɪ-ɡuɑne)
659. Rinoceronte	- Rhinoceros	- (raɪ-naserəs)
660. Ratón	- Mouse	- (maus)
661. Canguro	- Kangaroo	- (kæŋge-ru)
662. Panda	- Panda	- (pænde)
663. Serpiente	- Snake	- (sneik)
664. Koala	- Koala	- (kouelə)
665. Lagarto	- Lizard	- (lɪzerd)
666. Guepardo	- Cheetah	- (shi-te)
667. Tapir	- Tapir	- (teɪpe)
668. Ñu -	Wildebeest -	(wu-ɪldəˌbist)
669. Armadillo	- Armadillo	- (ɑrməˈdɪloʊ)
670. Ocelote	- Ocelot	- (asəlɑt)
671. Lince	- Lynx	- (limks)
672. Camello	- Camel	- (kæmel)
673. Salamandra	- Salamander	- (sælemænder)
674. Jaguar -	Jaguar-	(yæɡuar)
675. Jabalí -	Wild boar -	(waild bɔr)
676. Alce	- Moose	- (mus)

Español	Inglés Palabra	Pronunciación
	Español	**Inglés Palabra**	**Pronunciación**

Español	Inglés Palabra	Pronunciación
677. Coyote	- Coyote -	(kai-oʊti)
678. Mapache -	Raccoon -	(re-kun)
679. Hipopótamo -	Hippopotamus -	(hɪpe-patemǝs)
680. Alacrán -	Scorpion -	(sko-rpien)
681. Hiena	- Hyena	- (haɪˈiːnǝ)
682. Topo	- Mole	- (moʊl)
683. Antílope	- Antelope	- (ænti-loup)
684. Puma - Puma /	Puma	- (piuːme)
685. Bisonte	- Bison -	(baisǝn)
686. Búfalo -	Buffalo -	(bafelou)
687. Rugido	- Roar	- (roːr)
688. Aullido / Aullar	- Howl	- (jaul)
689. Brinca / Brinco	- Hop -	(hap)
690. Rebuzno	- Bray	- (brei)
691. Ladrido	- Bark	- (bark)
692. Croa / Croar	- Croak	- (kroʊk
Cacareo	- Cluck	- (klak)
693. Rugido	- Growl	- (graʊl)
694. Chillido	- Squeal	- (skuil)
695. Siseo / Sisear	- Hiss	- (jɪs)
696. Canto / Canto	- Sing	- (sɪŋ)
697. – Gruñido -	Grunt	- (grant)
698. Maullido	/ Miau - Meow	- (mi-aʊ)
699. Brama	- Moo	- (muː)
700. Relincho	- Whinny	- (wɪni)
701. Relincho	- Neigh	- (neɪ)
702. Gruñido	- Grunt -	(grant)

Capítulo 6

Las palabras más comunes utilizadas en inglés por angloparlantes
1

Español	Inglés Palabra	Pronunciación
703. Yo	- I -	(aɪ)
704. Tú	- You (informal, singular) -	(iu)
705. Usted	- You (formal, singular) -	(iu)
706. Ustedes -	You -	(iu)
707. Él	- He	- (ji:)
708. Ella	- She -	(shi:)
709. Nosotros o nosotras	- We -	(gu-i)
710. Ellos / Ellas-	They	- (ðeɪ)
711. Eso, aquello -	It -	(it)

***Pronombres en inglés. Muy usados.**

712. Hola	- Hello	- (jeˈloʊ)
713. Familia	- Family	- (fæmeli)
714. Amigo	- Friend	- (frend)
715. Gracias	- Thank you	-(theŋk- iu:)
716. Comida	- Food	- (fu-d)
717. Agua	- Water	- (wʊa-rər)
718. Casa	- House -	(jaʊs)
719. Sí	- Yes	- (yɛs)
720. No	- No	- (noʊ)
721. Amor	- Love	- (lav)
722. Trabajo	- Work	- (wu-e-rk)
723. Escuela	- School	- (esku:l)
724. Por favor	- Please	-(pli:z)
725. Adiós	- Goodbye	- (gudˈbai)

Español	Inglés Palabra	Pronunciación
726. Malo	- Bad	- (bæd)
727. Frío	- Cold	- (koʊld)
728. Nuevo	- New	- (niu:)
729. Viejo	- Old -	(ould)
730. Tiempo	- Time	- (taim)
731. Feliz	- Happy	- (jæpi)
732. Triste	- Sad	- (sad)
733. Rápido	- Fast	- (fæst)
734. Lento	- Slow	- (slou)
735. Ayuda	- Help	- (jelp)
736. Dinero	- Money	- (mani)
737. Libro	- Book	- (buk)
738. Perro	- Dog	- (dag)
739. Caliente	- Hot	- (hat)
740. Grande	- Big	- (big)
741. Pequeño	- Small	- (smo:l)
742. Alto	- Tall	- (tol)
743. Corto	- Short	- (short)
744. Tierra	- Earth	- (erth)
745. Fuego	- Fire	- (faɪr)
746. Aire	- Air	- (er)
747. Bosque	- Forest	- (forist)
748. Flor	- Flower	- (flaʊər)
749. Bueno	- Good	- (gud)
750. Montaña	- Mountain	- (maunten)
751. Sol	- Sun -	(san)
752. Gato	- Cat	- (kæt)
753. Pájaro	- Bird	- (be-rd)
754. Caballo	- Horse	- (hors)

Español	Inglés Palabra	Pronunciación
755. Elefante	- Elephant	- (ɛlɪfɛnt)
756. Leche	- Milk	- (milk)
757. Pan	- Bread	- (bred)
758. Carne	- Meat	- (mit)
759. Pescado	- Fish	- (fɪʃ)
760. Pollo	- Chicken	- (shiken)
761. Mar	- Sea	- (siː)
762. Felicidad	- Happiness	- (jæpɪnis)
763. Amor	- Love	- (lav)
764. Luna	- Moon	- (mun)
765. Estrella	- Star	- (stɑr)
766. Cielo	- Sky	- (skai)
767. Medicina	- Medicine	- (medɪsɪn)
768. Tristeza	- Sadness	- (sadnis)
769. Miedo	- Fear	- (fɪr)
770. Sueño	- Dream	- (driːm)
771. Ojo	- Eye	- (ai)
772. Zapato	- Shoe	- (shuː)
773. Camisa	- Shirt	- (shert)
774. Pantalón	- Pants	- (pænts)
775. Vestido	- Dress	- (dɪes)
776. Sombrero	- Hat	- (jæt)
777. Tren	- Train	- (treɪn)
778. Avión	- Airplane	- (ɛrpleɪn)
779. Barco	- Boat	- (boʊt)
780. Fruta	- Fruit	- (frut)
781. Agua	- Water	- (wuorər)
782. Verdura	- Vegetable	- (vɛyetebol)
783. Sal	- Salt	- (so-lt)

Español	Inglés Palabra	Pronunciación
784. Azúcar	- Sugar	- (shuger)
785. Salud	- Health	- (jɛlth)
786. Enfermedad	- Illness	- (ilnɛs)
787. Médico	- Doctor	- (dɑkter)
788. Hospital	- Hospital	- (jɒspɪtol)
789. Nariz	- Nose	- (noʊz)
790. Boca	- Mouth -	(maʊth)
791. Oreja	- Ear -	(ɪr)
792. Mano	- Hand -	(jænd)
793. Ropa	- Clothes	- (klouz)
794. Coche	- Car	- (kɑr)
795. Bicicleta	- Bicycle	- (baɪsɪkol)
796. Moto	- Motorcycle	- (moʊrərsaɪkol)
797. Pie	- Foot -	(fʊt)
798. Hermano	- Brother	- ('bradər)
799. Hermana	- Sister	- ('sɪster)
800. Abuelo	- Grandfather	- ('grænd‚fader)
801. Cabeza	- Head	- (jed)
802. Corazón	- Heart	- (jɑːrt)
803. Autobús	- Bus	- (bas)
804. Taxi	- Taxi	- ('tæksi)
805. Avión	- Airplane	- ('ɛrpleɪn)
806. Beso	- Kiss	- (kɪs)
807. Tren	- Train	- (trein)
808. Fiesta	- Party	- ('pɑri)
809. Prima	- Cousin	- ('kazən)
810. Hueso	- Bone	- (boun)

Español	Inglés Palabra	Pronunciación
811. Piel	- Skin	- (skɪn)
812. Abuela	- Grandmother	- (ˈɡrænd͵mader)
813. Tío	- Uncle	- (ˈaŋkel)
814. Tía	- Aunt	- (ænt)
815. Primo	- Cousin	- (ˈkazən)
816. Sobrino	- Nephew	- (ˈnɛfiuː)
817. Sobrina	- Niece	- (niːs)
818. Bebé	- Baby	- (ˈbeɪbi)
819. Amor	- Love	- (lav)
820. Juego	- Game	- (geɪm)
821. Película	- Movie	- (ˈmuːvi)
822. Música	- Music	- (ˈmiuːzɪk)
823. Niño	- Child	- (shaɪld)
824. Madre	- Mother	- (ˈmʌdər)
825. Coche	- Car	- (kɑːr)
826. Bicicleta	- Bicycle	- (ˈbaɪsɪkol̩)
827. Moto	- Motorcycle	- (ˈmoʊrərsaɪkol̩)
828. Autobús	- Bus	- (bas)
829. Taxi	- Taxi	- (ˈtæksi)
830. Abrazo	- Hug -	(jag)
831. Padre	- Father	- (ˈfɑ-ðer)
832. Canción	- Song	- (saŋ)
833. Barco	- Boat	- (bout)
834. Correr	- Run	- (ran)
835. Nadar -	Swim	- (swɪm)

Español	Inglés Palabra	Pronunciación
836. Risa	- Laughter	- ('læftər)
837. Lágrim	– Tear	- (tɪr)
838. Comprar	- Buy	- (bai)
839. Vender -	Sell	- (sel)
840. Sueño	- Dream	- (driːm)
841. Bailar	- Dance	- (dæns)
842. Trabajar	- Work -	(wu-errk)
843. Estudiar	- Study	- ('stadi)
844. Escribir	- Write	- (raɪt)
845. Hablar	- Talk -	(tok)
846. Escuchar	- Listen -	('lɪsen
847. Beber -	Drink -	(drɪŋk)
848. Viajar	- Travel	- ('trævel)
849. Ganar	- Win -	(wu-ɪn)
850. Cantar	- Sing -	(sɪŋ)
851. Volar	- Fly	- (flaɪ)
852. Saltar	- Jump	- (yamp)
853. Ayudar	- Help	- (jelp)
854. Leer	- Read	- (riːd)
855. Dormir -	Sleep	- (slip)
856. Despertar	- Wake up	- (wu-eɪk ap)
857. Luchar	- Fight	- (faɪt)
858. Perder	- Lose -	(luːz)
859. Luchar	- Fight	- (faɪt)
860. Viaje	- Trip	- (trɪp)
861. Vacaciones	- Vacation -	(vəˈkeɪshen)
862. Comer	- Eat -	(iːt)
863. Escuchar	- Listen -	('lisen)

Español	Inglés Palabra	Pronunciación
864. Mirar	- Look	- (luk)
865. Sentir	- Feel -	(fil)
866. Pensar	- Think -	(thɪŋk)
867. Playa	- Beach -	(biːch)
868. Montaña	- Mountain -	(ˈmaʊnten)
869. Bosque	- Forest -	(ˈforɪst)
870. Lago	- Lake -	(leɪk)
871. Ciudad -	City -	(ˈsɪti)
872. Pueblo	- Town -	(taʊn)
873. Nieve	- Snow -	(snoʊ)
874. Arcoíris -	Rainbow -	(ˈreɪnboʊ)
875. Calor	- Heat -	(hiːt)
876. Frío	- Cold -	(kould)
877. Tarde	- Afternoon	- (ˌæftərˈnuːn)
878. Ayuda	- Help -	(jelp)
879. Esperar	- Wait -	(wu-eɪt)
880. Encontrar	- Find -	(faind)
881. Perder	- Lose -	(luːz)
882. Río	- River -	(ˈrɪver)
883. Sol -	Sun -	(san)
884. Cielo	- Sky -	(skai)
885. Nube	- Cloud	- (klaʊd)
886. Viento	- Wind -	(wu-ɪnd)
887. Segundo	- Second -	(ˈsɛkend
888. Anoche	- Last night	- (læst naɪt)
889. País	- Country -	(ˈkantri)
890. Mundo	- World -	(wu-erld)

Español	Inglés Palabra	Pronunciación
891. Estrella	- Star -	(staɾ)
892. Luna	- Moon -	(muːn)
893. Lluvia	- Rain	- (rein)
894. Hoy	- Today	- (te-deɪ)
895. Mañana	- Morning	- (ˈmarnɪŋ)
896. Mañana	- Tomorrow	- (təˈmɑːroʊ)
897. Minuto	- Minute -	(ˈmɪnit)
898. Reloj	- Clock -	(klak)
899. Ayer	- Yesterday -	(ˈyɛstedei)
900. Primavera	- Spring -	(espriŋ)
901. Verano	- Summer -	(ˈsameɾ)
902. Semana -	Week -	(wu-ik)
903. Mes	- Month -	(math)
904. Año	- Year	- (yɪr)
905. Calendario	- Calendar -	(ˈkælendeɾ)
906. Tiempo	- Time -	(taim)
907. Hora	- Hour -	(aueɾ)
908. Otoño	- Autumn -	(ˈoːtem)
909. Invierno	- Winter -	(ˈwu-ɪneɾ)
910. Día -	Day -	(dei)
911. Noche	- Night -	(nait)

Capítulo 7

Vocabulario mixto de todos los distintos temas más usados en inglés 2

Español	Inglés Palabra	Pronunciación
913. Natación	- Swimming	- (ˈsuɪmɪŋ)
914. Camping	- Camping	- (ˈkæmpɪn)
915. Senderismo	- Hiking	- (ˈhaɪkɪŋ)
916. Picnic	- Picnic	- (ˈpɪknik)
917. Correr	- Running	- (ˈranɪŋ)
918. Ciclismo	- Biking -	(ˈbaikɪŋ)
919. Pesca -	Fishing -	(ˈfɪshiŋ)
920. Amigable	- Friendly	- (ˈfrendli)
921. Confiado	- Confident -	(ˈkanfɪdənt)
922. Generoso	- Generous	- (ˈyɛneres)
923. Creativo	- Creative	- (kriˈeitiv)
924. Paciente	- Patient	- (ˈpeɪshent)
925. Optimista -	Optimistic -	(ˌapti ˈmistɪk)
926. Confiable	- Reliable	- (rɪˈlaɪəbl)
927. Agricultura	- Farming -	(ˈfaːrmiŋ)
928. Cultivos	- Crops	- (kraps)
929. Ganado	- Livestock	- (ˈlaɪv-stak)
930. Riego	- Irrigation -	(ˌɪrrɪ-geɪshen)
931. Cosecha	- Harvest	- (ˈhaːrvɪst)
932. Fertilizante	- Fertilizer	- (ˈfeːrtiˌlaɪzər)
933. Arado	- Plow	- (plau)
934. Pintura	- Painting	- (ˈpeɪntɪŋ)
935. Escultura	- Sculpture	- (ˈskalptsher)
936. Música	- Music	- (ˈmiuːzɪk)

Español	Inglés Palabra	Pronunciación
937. Teatro	- Theater	- (ˈθɪətər)
938. Baile	- Dance	- (dæns)
939. Literatura	- Literature	- (ˈlɪterɛtsher)
940. Maquillaje	- Makeup	- (ˈmeɪkap)
941. Fotografía	- Photography	- (feˈtagrefi)
942. Belleza	- Beauty	- (ˈbiuːti)
943. Cuidado de la piel	- Skincare	- (ˈsker-kɛr)
944. Boda	- Wedding	- (ˈwu-ediŋ)
945. Novia	- Bride	- (braɪd)
946. Elegancia	- Elegance	- (ˈɛlɪgens)
947. Gracia	- Grace	- (greis)
948. Peinado	- Hairstyle -	(ˈheəˌstail)
949. Moda	- Fashion -	(ˈfæshen)
950. Ceremonia	- Ceremony	- (ˈsereˌmouni)
951. Novio	- Groom	- (gru-m)
952. Anillo	- Ring	- (rɪŋ)
953. Boda	- Wedding	- (ˈwu-ɛdɪŋ)
954. Recepción	- Reception -	(rɪˈsepshen)
955. Celebración	- Celebration	- (ˌsɛləˈbreɪshən)
956. Amor	- Love	- (lʌv)
957. Matrimonio	- Marriage	- (ˈmærɪch)
958. Votos	- Vows	- (vaʊz)
959. Novia	- Bride	- (braɪd)
960. Ceremonia	- Ceremony	- (ˈserə-mouni)
961. Anillo -	Ring	- (rɪŋ)
962. Novio	- Groom	- (grum)
963. Taladro -	Drill	- (drɪl)
964. Sierra	- Saw -	(soː)

Español	Inglés Palabra	Pronunciación
965. Cinta métrica -	Tape measure -	(teɪp ˈmesher)
966. Herramientas	- Tools -	(tuːlz)
967. Martillo -	Hammer -	(ˈjæmer)
968. Destornillador	- Screwdriver -	(ˈeskru-ˌdraɪver)
969. Clavos	- Nails -	(neilz)
970. Taladro	- Drill -	(drɪl)
971. Llave inglesa	- Wrench	- (rentch)
972. Alicate	- Pliers -	(ˈplaɪərz)
973. Cinta métrica	- Tape measure -	(teɪp ˈmɛshər)
974. Nivel	- Level -	(ˈlevəl)
975. Capitalismo	- Capitalism -	(ˈkæpɪte-lɪzem)
976. Mercado -	Market -	(ˈmarkɪt)
977. Ganancia	- Profit -	(ˈprafɪt)
978. Economía de mercado	- Market economy -	(ˈmarkɪt ikanəmi)
979. Consumidor	- Consumer	- (kenˈsuːmer)
980. Emprendedor	- Entrepreneur -	(ˌantrepreˈner)
981. Inversión	- Investment -	(ɪnˈvɛstment)
982. Competencia -	Competition	- (ˌkampeˈtishen)
983. Suministro	- Supply -	(seˈplaɪ)
984. Demanda	- Demand -	(dɪ-mænd)
985. Carta	- Letter -	(ˈlerər)
986. Dirección	- Address	- (e-drɛs)
987. Remitente -	Sender	- (ˈsender)
988. Sobre	- Envelope -	(ˈɛnve-ˌloʊp)
989. Buzón	- Mailbox -	(ˈmeil-baks)
990. Sello	- Stamp	- (stæmp)
991. Correo	- Mail	- (meɪl)
992. Cartero -	Postman -	(ˈpoustmen)
993. Destinatario -	Recipient -	(riˈsɪpint)

Español	Inglés Palabra	Pronunciación
994. Extintor -	Extinguisher -	(ɪk-stɪŋguɪsher)
995. Bombero -	Firefighter -	('faɪer͵faɪrər)
996. Estación de bomberos -	Fire station -	(faɪr 'steɪshen)
997. Alarma	- Alarm -	(ela-rm)
998. Manguera	- Hose -	(joʊz)
999. Emergencia	- Emergency -	(imeryensi)
1000. Rescate -	Rescue -	('reskiuː)
1001. Camión de bomberos -	Fire engine -	(faɪr 'ɛnyin)
1002. Hidrante -	Fire hydrant	- (faɪr 'jaɪdrent)
1003. Seguridad contra incendios	- Fire safety	- (faɪr 'seɪfti)
1004. Simulacro de incendio	- Fire drill -	(faɪr drɪl)
1005. Simulacro de incendio -	Fire drill	- (faɪr drɪl)
1006. Formación	- Training	- ('treɪniŋ)
1007. Escuela	- School -	(eskuːl)
1008. Aula	- Classroom -	('klæsrum)
1009. Lección -	Lesson -	('lesen)
1010. Educación	- Education -	(͵edu-keɪshən)
1011. Aprendizaje -	Learning -	('le-rnin)
1012. Profesor	- Teacher -	('tiːtsher)
1013. Taller -	Workshop -	('wu-erkshap)
1014. Conferencia	- Lecture -	('lɛktshər)
1015. Plan de estudios	- Curriculum -	(ke'rɪkielem)
1016. Tutor -	Tutor -	('tu-tər)
1017. Habilidad	- Skill -	(eskɪl)
1018. Arte	- Art -	(aːrt)
1019. Idioma -	Language -	('læŋgu-ɪdch)
1020. Festival -	Festival -	('fɛstevəl)
1021. Baile -	Dance -	(dæns)

Español	Inglés Palabra	Pronunciación
1022. Curso	- Course -	(koːrs)
1023. Estudiante	- Student -	(ˈstiuːdent)
1024. Música	- Music -	(ˈmiuːzɪk)
1025. Conocimiento -	Knowledge -	(ˈnalɪdch)
1026. Costumbres -	Customs -	(ˈkʌstəmz)
1027. Patrimonio	- Heritage -	(ˈhɛrɪtɪch)
1028. Literatura	- Literature	- (ˈlitərətshər)
1029. Tradición	- Tradition -	(trəˈdɪshən)
1030. Historia	- History -	(ˈjɪsteri)
1031. Tolerancia -	Tolerance -	(ˈtalerens)
1032. Sabiduría	- Wisdom -	(ˈwu-ɪzdem)
1033. Amabilidad -	Kindness -	(ˈkaindnes)
1034. Respeto -	Respect -	(riˈspekt)
1035. Compasión -	Compassion -	(kemˈpæshən)
1036. Valentía	- Courage -	(ˈke-rɪch)
1037. Honestidad	- Honesty -	(ˈanisti)
1038. Empatía -	Empathy -	(ˈɛmpethi)
1039. Paciencia -	Patience -	(ˈpeɪshens)
1040. Generosidad	- Generosity -	(yɛneˈraːseti)
1041. Libertad -	Freedom -	(ˈfriːdem)
1042. Igualdad	- Equality -	(ɪˈkualəti)
1043. Democracia -	Democracy	- (dɪˈmakresi)
1044. Equidad -	Fairness -	(ˈfeərnəs)
1045. Privacidad -	Privacy	- (ˈpraɪvesi)

Español	Inglés Palabra	Pronunciación
1046. Protección -	Protection -	(prəˈtɛkʃən)
1047. Justicia -	Justice -	(ˈdʒʌstɪs)
1048. Dignidad -	Dignity -	(ˈdɪgnɪti)
1049. Libertad -	Liberty -	(ˈlɪbərti)
1050. Derechos -	Rights -	(raɪts)
1051. Ley -	Law -	(lɔː)
1052. Juez	- Judge	- (yeʌch)
1053. Delito -	Crime -	(kraɪm)
1054. Policía -	Police	- (peˈliːs)
1055. Justicia -	Justice -	(ˈyeastɪs)
1056. Criminal -	Criminal	- (ˈkrimɪnel)
1057. Víctima -	Victim -	(ˈvɪktɪm)
1058. Democracia	- Democracy	- (dɪˈmakrəsi)
1059. Investigación -	Investigation -	(ɪnˌvɛstɪˈgeɪshen)
1060. Prisión -	Prison -	(ˈprɪzen)
1061. Evidencia	- Evidence	- (ˈɛvɪdens)
1062. Libertad -	Freedom	- (ˈfriːdəm)
1063. Voto -	Vote	- (voʊt)
1064. Ciudadano	- Citizen -	(ˈsɪrɪzen)
1065. Gobierno	- Government -	(ˈgavərmənt)
1066. Derechos -	Rights -	(raɪts)
1067. Elección	- Election -	(ɪˈlɛkshen)
1068. Representante -	Representative	- (ˌrɛpriˈzɛntetɪv)
1069. Constitución -	Constitution	- (ˌkanstɪˈtiuːshən)
1070. Igualdad -	Equality -	(ɪˈkualeti)

Español	Inglés Palabra	Pronunciación
1071. Dinero -	Money -	(ˈmani)
1072. Moneda	- Currency -	(ˈkerrənsi)
1073. Banco	- Bank -	(bænk)
1074. Efectivo -	Cash	- (kæch)
1075. Ingreso	- Income -	(ˈɪnkam)
1076. Ahorros	- Savings -	(ˈseɪvɪŋz)
1077. Pago -	Payment -	(ˈpeɪment)
1078. Inversión -	Investment	- (ɪnˈvestment)
1079. Drogas -	Drugs	- (dragz)
1080. Heroína -	Heroin -	(ˈjɛreuɪn)
1081. Metanfetamina -	Methamphetamine	- (ˌmethæm-fɛtəmin)
1082. LSD -	LSD -	(ˌelɛsˈdiː)
1083. Éxtasis -	Ecstasy -	(ˈekstesi)
1084. Receta médica -	Prescription -	(priskrɪpshən)
1085. Cocaína -	Cocaine -	(koʊ-keɪn)
1086. Marihuana -	Marijuana -	(ˌmærɪˈguɑːnə)
1087. Educación	- Education -	(ˌɛdʒʊˈkcɪʃən)
1088. Escucla	- School	- (skuːl)
1089. Maestro/Profesor -	Teacher	- (ˈtiːtʃər)
1090. Estudiante -	Student -	(ˈstuːdənt)
1091. Aprendizaje	- Learning -	(ˈle-rnɪŋ)
1092. Aula -	Classroom -	(ˈklæsruːm)
1093. Libros -	Books	- (buks)
1094. Conocimiento	- Knowledge	- (ˈnalɪdch)

Español	Inglés Palabra	Pronunciación
1095. Edificio -	Building -	('bɪldɪŋ)
1096. Casa -	House -	(jaus)
1097. Apartamento -	Apartment	- (e'partment)
1098. Rascacielos -	Skyscraper -	('skaɪskreɪpeɾ)
1099. Puente	- Bridge -	(brɪdch)
1100. Catedral -	Cathedral	- (kə'thiːdrəl)
1101. Estadio	- Stadium	- ('steidium)
1102. Biblioteca -	Library -	('laɪbrəri)
1103. Felicidad -	Happiness -	('jæpɪnes)
1104. Alegría	- Joy	- (yoɪ)
1105. Contentamiento	- Contentment	- (ken'tentmənt)
1106. Gozo	- Bliss	- (blis)
1107. Sonrisas	- Smiles -	(smailz)
1108. Risa -	Laughter -	('læfter)
1109. Amor -	Love	- (lav)
1110. Gratitud -	Gratitude -	('grætɪtuuːd)
1111. Escuela	- School -	(eskuːl)
1112. Maestro/Profesor	- Teacher	- ('tiːtshər)
1113. Estudiante	- Student	- ('estuːdənt)
1114. Aprendizaje	- Learning -	('leːrnɪŋ)
1115. Tarea -	Homework	('joʊmwuerk)
1116. Materias	- Subjects	- ('sabdyɪkts)
1117. Aula -	Classroom	- ('klæsrum)
1118. Libros -	Books -	(buks)
1119. Círculo -	Circle	- ('seːrkol)
1120. Cuadrado	- Square -	(eskuɛr)

Español	Inglés Palabra	Pronunciación
1121. Triángulo	- Triangle	- (ˈtraɪ-æŋgel)
1122. Rectángulo -	Rectangle -	(ˈrɛktæŋgəl)
1123. Cilindro -	Cylinder -	(ˈsɪlɪndər)
1124. Cono -	Cone	- (koʊn
Esfera -	Sphere -	(sfɪr)
1125. Cubo	- Cube -	(kiub)
1126. Festival -	Festival -	(ˈfɛstevəl)
1127. Año Nuevo -	New Year	- (niu- yɪr)
1128. Día festivo -	Holiday -	(ˈjaledeɪ)
1129. Navidad -	Christmas -	(ˈkrɪsmes)
1130. Celebración	- Celebration	- (ˌselə'breɪshən)
1131. Pascua -	Easter -	(ˈiːster)
1132. Halloween -	Halloween	- (ˌhælou-'wuin)
1133. Montaña -	Mountain -	(ˈmaunten)
1134. Escalada -	Climbing	- (ˈklaɪmɪŋ)
1135. Aventura	- Adventure -	(edˈvɛntshər)
1136. Senderismo -	Hiking -	(ˈjaɪkɪŋ)
1137. Cumbre	- Summit -	(ˈsamit)
1138. Música	Music	(ˈmiuːzɪk
1139. . Canción	Song	(saŋ)
1140. Baile	Dance	(dæns)
1141. Cantante	Singer	(ˈsɪner)
1142. Concierto	Concert	(ˈkansərt)

Español	Inglés Palabra	Pronunciación
1143. Navegación	Navigation	(ˌnævɪˈgeɪshən)
1144. Barco	Ship	(shɪp)

Español	Inglés Palabra	Pronunciación
1145. Capitán	Captain	(ˈkæptən)
1146. Brújula	Compass	(ˈkampes)
1147. Navegación a vela	Sailing	(ˈseɪlɪŋ)
1148. Navidad	Christmas	(ˈkrɪsmes)
1149. Regalos	Gifts	(gifts)
1150. Papá Noel	Santa Claus	(ˈsæntə kloːz)
1151. Árbol	Tree	(triː)
1152. .Decoraciones	Decorations	(ˌdeke-reɪshənz)
1153. Papel	Paper	(ˈpeɪpər)
1154. Cuaderno	Notebook	(ˈnoʊtbuk)
1155. Pluma	Pen	(pen)
1156. Impresora	Printer	(ˈprɪntər)
1157. Carta	Letter	(ˈlɛrər)
1158. Paz	Peace	(pis)
1159. Armonía	Harmony	(ˈjɑːrmeni)
1160. No violencia	Nonviolence	(ˌnanˈvaɪeləns)
1161. Tregua	Truce	(truːs)
1162. Reconciliación	Reconciliation	(ˌrekensɪliˈeɪshən)
1163. Playa	Beach	(biːch)
1164. Arena	Sand	(sænd)
1165. Sol	Sun	(san)
1166. .Nadar	Swim	(suɪm)
1167. Vacaciones	Vacation	(veɪˈkeɪshən)
1168. Política	Politics	(ˈpalitiks)

Español	**Inglés Palabra**	**Pronunciación**
1169. . Gobierno	Government	(ˈgavərnment)
1170. Democracia	Democracy	(dɪˈmakresi)

Español	Inglés Palabra	Pronunciación
1171. Presidente	President	(ˈprezɪdənt)
1172. Elecciones	Elections	(ɪˈlɛkshenz)
1173. Dios	God	(gad)
1174. Oración	Prayer	(prer)
1175. Iglesia	Church	(shɛrtch)
1176. Fe	Faith	(feɪth)
1177. Religión	Religion	(rɪˈlɪdshən)
1178. Profesor	Teacher	(ˈtiːtshər)
1179. Médico	Doctor	(ˈdaktər)
1180. Ingeniero	Engineer	(ˌɛdyeˈnɪr)
1181. Abogado	Lawyer	(ˈloːiər)
1182. Chef	Chef	(shɛf)
1183. Amor	Love	(lav)
1184. Ira	Anger	(ˈæŋger)
1185. Miedo	Fear	(fɪr)
1186. Felicidad	Happiness	(ˈjæpɪnəs)
1187. Tristeza	Sadness	(ˈsædnəs)
1188. Camisa	Shirt	(shert)
1189. Sombrero	Hat	(jæt)
1190. Pantalones	Pants	(pænts)
1191. Vestido	Dress	(drɛs)
1192. Zapatos	Shoes	(shuz)

Español	Inglés Palabra	Pronunciación
1193. Película	Movie	(ˈmuːvi)
1194. Director	Director	(dɪˈrɛktər)
1195. Filme	Film	(fɪlm)

Español	Inglés Palabra	Pronunciación
1196. Actor	Actor	(ˈæktər)
1197. Actriz	Actress	(ˈæktrɪs)
1198.		
1199. Rojo	Red	(red)
1200. Amarillo	Yellow	(ˈjɛloʊ)
1201. Negro	Black	(blæk)
1202. Azul	Blue	(bluː)
1203. Verde	Green	(ˈgriːn)
1204. Teléfono	Phone	(foʊn)
1205. Correo electrónico	Email	(ˈiːmeɪl)
1206. Mensaje	Message	(ˈmɛsɪdʒ)
1207. Internet	Internet	(ˈɪntərnɛt)
1208. .Correo	Mail	[meɪl]
1209. Chat	Chat	(ʧæt)
1210. Sobre	Envelope	(ˈɛnveloʊp)
1211. Paquete	Package	(ˈpækɪdch)
1212. Internacional	International	(ˌɪntərˈnæshənəl)
1213. Comercio	Trade	(treɪd)
1214. Cultura	Culture	(ˈkaltshər)
1215. Conexión	Connection	(kəˈnɛkshən)
1216. Globalización	Globalization	(ˌgloʊbəliˈzeɪshən)
1217. Disfraz	Costume	(ˈkɑ-stiuːm)
1218. Calabaza	Pumpkin	(ˈpampkɪn)
1219. . Halloween	Halloween	(ˌjæloʊˈwu-in)

Español	Inglés Palabra	Pronunciación
1220. Sello	Stamp	(stæmp)
1221. Tarjeta postal	Postcard	(ˈpoʊstkɑrd)

Español	Inglés Palabra	Pronunciación
1222. Truco o trato	Trick or treat	(trɪk or trit)
1223. Chiste	Joke	(youk)
1224. Risa	Laughter	(ˈlæftər)
1225. Comedia	Comedy	(ˈkamədi)
1226. Embrujado	Haunted	(ˈho-ntɪd)
1227. Gracioso	Funny	(ˈfani)
1228. Rosa	Pink	(pɪŋk)
1229. Naranja	Orange	(ˈorɪndch)
1230. Divertido	Amusing	(eˈmiu-zɪŋ)
1231. Blanco	White	(waɪt)
1232. Morado	Purple	(ˈperpol)
1233. Marrón	Brown	(braun)
1234. Internet	Internet	(ˈɪnternɛt)
1235. Wifi	Wifi	(ˈwu-aɪfaɪ)
1236. Red	Network	(ˈnɛtwu-eːrk)
1237. Conexión	Connection	(kəˈnɛkshən)
1238. Teléfono	Telephone	(ˈtɛlefoʊn)
1239. Mensaje	Message	(ˈmɛsɪdch)
1240. Llamada	Call	(koːl)
1241. Enviar	Send	(sɛnd)
1242. Recepción	Reception	(rɪˈsɛpshen)
1243. Satélite	Satellite	(ˈsætelaɪt)

Español	Inglés Palabra	Pronunciación
1244. Computadora	Computer	(kemˈpiuːtər)
1245. Pantalla	Screen	(eskriːn)
1246. Archivo	File	(faɪl)
1247. Teclado	Keyboard	(ˈkiːboːrd)

1248. Software	Software	(ˈsaftwu-ɛr)
1249. Ratón	Mouse	(maʊs)
1250. Memoria	Memory	(ˈmɛməri)
1251. Programa	Program	(ˈprougræm)
1252. Hardware	Hardware	(ˈhardwu-ɛr)
1253. Guitarra	Guitar	(gɪˈtɑːr)
1254. Piano	Piano	(piˈænou)
1255. Batería	Drums	(dramz)
1256. Violín	Violin	(ˈvaɪelɪn)
1257. Flauta	Flute	(fluːt)
1258. Trompeta	Trumpet	(ˈtrampit)
1259. Saxofón	Saxophone	(ˈsæksefoun)
1260. Bajo	Bass	(beɪs)
1261. Cello	Cello	(ˈtshɛloʊ)
1262. Inglés	English	(ˈɪŋglɪsh)
1263. Italiano	Italian	(i-tælien)
1264. Portugués	Portuguese	(ˌpoːrtəˈgiːz)
1265. Español	Spanish	(ˈspænɪsh)
1266. Francés	French	(frentch)
1267. Alemán	German	(ˈyeːrmən)
1268. Japonés	Japanese	(ˌyaepəˈniːz)
1269. Ruso	Russian	(ˈrsshən)
1270. Coreano	Korean	(kəˈriːen)
1271. Chino	Chinese	(ˈtshaɪniz)

Español	**Inglés Palabra**	**Pronunciación**
1272. Anillo	Ring	(riŋ)
1273. Plata	Silver	(ˈsilver)
1274. Perlas	Pearls	(perlz)
1275. Zafiro	Sapphire	(ˈsæfaiər)

1276. Collar	Necklace	(ˈneklɪs)
1277. Pulsera	Bracelet	(ˈbreɪslɪt)
1278. Aretes	Earrings	(ˈɪrɪŋz)
1279. Diamante	Diamond	(ˈdaɪemend)
1280. Oro	Gold	(gould)
1281. Libro	Book	(bʊk)
1282. Novela	Novel	(ˈnɑ-vəl)
1283. Poesía	Poetry	(ˈpouetri)
1284. Escritor	Writer	(ˈraɪrer)
1285. Lector	Reader	(ˈri-dər)
1286. Ficción	Fiction	(ˈfɪkshən)
1287. Número	Number	(ˈnambər)
1288. Álgebra	Algebra	(ˈældyɪbre)
1289. Geometría	Geometry	(yiˈaːmɪtri)
1290. Porcentaje	Percentage	(perˈsɛntɪʒ)
1291. Problema	Problem	(ˈpraːbləm)
1292. Fracción	Fraction	(ˈfrækshən)
1293. Suma	Addition	(eˈdɪshən)
1294. Resta	Subtraction	(sebˈtrækshən)
1295. Multiplicación	Multiplication	(ˌmaltɪplɪˈkeɪshən)
1296. División	Division	(dɪˈvɪshən)

Español	**Inglés Palabra**	**Pronunciación**
1297. Papel	Paper	(ˈpeiper)
1298. Pintura	Paint	(peɪnt)
1299. Cinta adhesiva	Tape	(teɪp)

1300. Tijeras	Scissors	(ˈsɪzɛrz)
1301. Pegamento	Glue	(gluː)
1302. Agujas	Needles	(ˈni-delz)
1303. Botones	Buttons	(ˈbatanz)
1304. Lana	Yarn	(yɑːrn)
1305. Cartón	Cardboard	(ˈkardboːrd)
1306. Hilo	Thread	(thrɛd)
1307. Lata	Can	(kæn)
1308. Frasco	Jar	(yaːr)
1309. Envase de plástico	Plastic container	(ˈplæstɪk ken-teɪnər)
1310. Tupperware	Tupperware	(ˈtaper-wɛr)
1311. Bolsa para sándwich	Sandwich bag	(ˈsændwɪtch bæg)
1312. Termo	Thermos	(ˈtheːrmoʊs)
1313. Bolsa de merienda	Snack bag	(snæk bæg)
1314. Bandeja	Tray	(treɪ)
1315. Caja de almuerzo	Lunchbox	(ˈlantchbaks)
1316. Bolsa de papel	Paper bag	(ˈpeɪpər bæg)
1317. Estados Unidos	United States	(iuː ˌnaɪrid esteɪts)
1318. China	China	(ˈtshaɪna)
1319. Rusia	Russia	(ˈrashə)
1320. Brasil	Brazil	(brəˈzɪl)

Español	**Inglés Palabra**	**Pronunciación**
1321. Australia	Australia	(aˈstreɪlie)
1322. Canadá	Canada	(ˈkænedə)
1323. México	Mexico	(ˈmɛksɪkoʊ)

1324. India	India	(ˈɪndiə)
1325. Japón	Japan	(yaˈpæn)
1326. Alemania	Germany	(ˈyerːrmani)

1327. Escritorio	Desk	(dɛsk)
1328. Computadora	Computer	(kəmˈpiuːter)
1329. Silla	Chair	(chɛr)
1330. Archivador	File cabinet	(fail ˈkæbɪnɪt)
1331. Teléfono	Telephone	(ˈteləfoʊn)
1332. Impresora	Printer	(ˈprɪntər)

1333. Papel	Paper	(ˈpeɪper)
1334. Bolígrafo	Pen	(pɛn)
1335. Carpeta	Folder	(ˈfouldər)
1336. Calculadora	Calculator	(ˈkælkiəˌleɪter)

1337. Comprar	Buy	(bai)
1338. Tienda	Store	(stoːr)
1339. Precio	Price	(prais)
1340. Oferta	Sale	(seil)
1341. Producto	Product	(ˈpradakt)
1342. Cliente	Customer	(ˈkastemer)

1343. Vendedor	Seller	(ˈseler)
1344. Factura	Invoice	(ˈɪnvʊɪs)
1345. Descuento	Discount	(ˈdɪskaunt)
1346. Pago	Payment	(ˈpeɪment)

Capítulo 8

Vocabulario completo más utilizado sobre la familia en inglés

Español	Inglés	Pronunciación
1347. Hija	- Daughter	- (ˈdɑːrer)
1348. Primo	- Cousin	- (ˈkazin)
1349. Prima	- Cousin (female)	- (ˈkazin)
1350. Sobrino	- Nephew	- (ˈnefiuː)
1351. Sobrina	- Niece	- (niːs)
1352. Hermano	- Brother	- (ˈbradər)
1353. Familia	- Family	- (ˈfæmeli)
1354. Madre	- Mother	- (ˈmadər)
1355. Hijo	- Son	- (san)
1356. Padre	- Father	- (ˈfɑ-der)
1357. Hermana	- Sister	- (ˈsɪster)
1358. Nieto	- Grandson	- (ˈgrænsan)
1359. Abuelo	- Grandfather	- (ˈgrænd͵fɑ-der)
1360. Abuela	- Grandmother	- (ˈgrænd͵madər)
1361. Nieta	- Granddaughter	- (ˈgrænda͵darər)
1362. Tío	- Uncle	- (ˈaŋkol)
1363. Tía	- Aunt	- (ænt)
1364. Esposo/marido	- Husband	- (ˈjazbend)
1365. Nuera	- Daughter-in-law	- (ˈdɑːrer ɪnloː)
1366. Padrastro	- Stepfather	- (ˈstep͵faːdər)

Español	Inglés Palabra	Pronunciación
1367. Madrastra	- Stepmother	- (ˈstepˌmadər)
1368. Hijastro	- Stepson	- (ˈstepˌsan)
1369. Esposa/mujer	- Wife	- (wu-aif)
1370. Suegro	- Father-in-law	- (ˈfɑːderɪnlɔː)
1371. Suegra	- Mother-in-law	- (ˈmader-ɪnlɔː)
1372. Cuñado	- Brother-in-law	- (ˈbrʌðərɪnlɔː)
1373. Cuñada	- Sister-in-law	- (ˈsister -ɪnlɔː)
1374. Yerno	- Son-in-law	- (ˈsanɪnlɔː)
1375. Hijastra	- Stepdaughter	- (ˈstepˌdoːrər)
1376. Tutor/tutora	- Guardian	- (ˈgɑːrdien)
1377. Tutor legal	- Legal guardian	- (ˈliːgəl ˈgɑːrdien)
1378. Bisnieto	- Great-grandson	- (greɪtˈgrændˌsan)
1379. Bisnieta	- Great-granddaughter	- (greɪtˈgrændˌdoːrər)
1380. Infancia	- Childhood	- (ˈshaɪldjud)
1381. Hermanastro	- Stepbrother	- (ˈstep-brader)
1382. Hermanastra	- Stepsister	- (ˈstep-sɪster)
1383. Tutela	- Custody	- (ˈkastedi)
1384. Bebé	- Baby	- (ˈbeibi)
1385. Recién nacido	- Newborn	- (ˈniuːboːrn)
1386. Bisabuela	- Great-grandmother	- (greɪtˈgrændˌmader)
1387. Sobrastro	- Step-nephew	- (ˈstepˌnefiuː)
1388. Sobrinastra	- Step-niece	- (ˈstepˌniːs)
1389. Adolescencia	- Adolescence	- (ˌædəˈlesəns)
1390. Abuelito	- Grandpa	- (ˈgrændpɑː)
1391. Abuelita	- Grandma	- (ˈgrændmɑː)
1392. Bisabuelo	- Great-grandfather	- (greɪtˈgrændˌfadər)

Capítulo 9
Vocabulario mixto de todos los temas más utilizados en inglés
vocabulario únicamente más usado

Español	Inglés Palabra	Pronunciación
1393. Zapato	- Shoe	- (shuː)
1394. Zapatilla/Tenis	- Sneaker	- (ˈsniː.ker)
1395. Gamuza	- Suede	- (sueɪd)
1396. Talla	- Size	- (saɪz)
1397. Ajuste	- Fit	- (fɪt)
1398. Sandalia	- Sandal	- (ˈsæn.del)
1399. Bota	- Boot	- (buːt)
1400. Mocasín	- Loafer	- (ˈlou.fər)
1401. Botas de lluvia	- Rain boots	- (reɪn buts)
1402. Botín	- Ankle boot	- (ˈæŋ.kol̩ but)
1403. Tacón	- Heel	- (jil)
1404. Plataforma	- Platform	- (ˈplæt.foːrm)
1405. Zapatería	- Shoe store	- (shuː stor)
1406. Calzado deportivo -	Athletic shoes	- (ethlɛtɪk shuːz)
1407. Plantilla	- Insole	- (ˈɪn.soul)
1408. Suela	- Sole	- (soʊl)
1409. Cordones	- Laces	- (ˈleisɪz)
1410. Chanclas	- Flip-flops	- (ˈflɪp.flaps)
1411. Quedar (algo a la medida)	- To fit	- (tu fit)
1412. Llevar (puesto)	- To wear	(tu weər)
1413. Hebilla	- Buckle	- (ˈbakol̩)
1414. Cuero	- Leather	- (ˈlɛder)

Español	Inglés Palabra	Pronunciación
1415. Universo	- Universe	- (ˈiuːnɪˌvers)
1416. Galaxia	- Galaxy	- (ˈgæleksi)
1417. Telescopio	- Telescope	- (ˈtelɪskeʊp)
1418. Astronomía	- Astronomy	- (eˈstranəmi)
1419. Astro	- Celestial body	- (ˈæstreʊ)
1420. Exploración espacial	- Space exploration	- (speɪs ˌekspləˈreishən)
1421. Agujero negro	- Black hole	- (blæk jəʊl)
1422. Sistema solar	- Solar system	- (ˈseʊlər ˈsɪstəm)
1423. Asteroide	- Asteroid	- (ˈæstəroɪd)
1424. Cometa	- Comet	- (ˈkamɪt)
1425. Luna	- Moon	- (muːn)
1426. Planeta	- Planet	- (ˈplænit)
1427. Estrella	- Star	- (stɑr)
1428. Sol	- Sun	- (san)
1429. Meteorito	- Meteorite	- (ˈmiːtierait)
1430. Satélite	- Satellite	- (ˈsærelaɪt)
1431. Órbita	- Orbit	- (ˈoːrbɪt)
1432. Cohete	- Rocket	- (ˈrakɪt)
1433. Explorador espacial	- Space explorer	- (speɪs ɪkˈsplorer)
1434. Astronauta	- Astronaut	- (ˈæstreˌnot)
1435. Nave espacial	- Spaceship	- (ˈspeɪsship)
1436. Exoplaneta	- Exoplanet	- (ˈekseʊˌplænit)
1437. Big Bang	- Big Bang	- (bɪg bæŋ)
1438. Nebulosa	- Nebula	- (ˈnɛbiʊle)
1439. Supernova	- Supernova	- (ˌsuːperˈneʊve)
1440. Vía Láctea	- Milky Way	- (ˈmɪlki wu-eɪ)
1441. Metro	- Meter	- (ˈmiːrər)
1442. Kilogramo	- Kilogram	- (ˈkɪleˌgræm)
1443. Centímetro	- Centimeter	- (ˈsentɪˌmiːrər)

Español	Inglés Palabra	Pronunciación
1444. Milímetro	- Millimeter	- ('mɪlɪˌmiːrər)
1445. Kilómetro	- Kilometer	- ('kɪləˌmiːrər)
1446. Hora	- Hour	- (auər)
1447. Minuto	- Minute	- ('mɪnɪt)
1448. Gramo	- Gram	- (græm)
1449. Litro	- Liter	- ('liːrər)
1450. Segundo	- Second	- ('sɛkend)
1451. Pulgada	- Inch	- (ɪnch)
1452. Libra	- Pound	- (paund)
1453. Onza	- Ounce	- (auns)
1454. Galón	- Gallon	- ('gælən)
1455. . Metro cuadrado	- Square meter	- (skuɛr 'miːrər)
1456. Tren	- Train	- (treɪn)
1457. Vagón	- Wagon -	('vægon)
1458. Estación	- Station	- ('steɪshən)
1459. .Andén	- Platform	- ('plætfoːrm)
1460. Billete	- Ticket	- ('tɪkɪt)
1461. Maquinista	- Train driver	- (treɪn 'draɪvər)
1462. Vía férrea	- Railway track	- ('reɪlwu-eɪ træk)
1463. Locomotora	- Locomotive	- (ˌloʊ.keˈmoʊ.tɪv)
1464. . Túnel	- Tunnel	- ('tanel̩)
1465. Pasajero	- Passenger	- ('pæsenyər)
1466. Boleto	- Ticket	- ('tɪkɪt)
1467. Horario	- Schedule	- ('skɛshuːl)
1468. Vagón de carga	- Freight car	- (freɪt kɑr)
1469. Vía muerta	- Dead-end track	- (dɛd end træk)
1470. Tren de alta velocidad	- High-speed train	- (jaɪ spid treɪn)

Español	Inglés Palabra	Pronunciación
1471. Florería	- Florist	- (ˈfloːrɪst)
1472. Lechería	- Dairy	- (ˈdeeri)
1473. Pescadería	- Fishmonger's shop	- (ˈfɪshmangerz shɒp)
1474. Panadería	- Bakery	- (ˈbeɪkəri)
1475. Carnicería	- Butcher's shop	- (ˈbʊtshərz shap)

1476. Tienda de comestibles / supermercado - Grocery store / Supermarket
- (ˈgroʊsəri stoːr) / (ˈsupər-maːrkɪt)

1477. Farmacia	- Pharmacy / Drugstore	- (ˈfɑrməsi) / (ˈdragstoːr)
1478. Papelería	- Stationery store	- (ˈsteɪshenəri stor)
1479. Ferretería	- Hardware store	- (ˈjardwu-eər stor)
1480.	/ (buːˈtiːk)	

1481. Librería	- Bookstore	- (ˈbukstor)
1482. Joyería	- Jewelry store	- (yuuːelri estor)
1483. Ropa / Boutique	- Clothing store / Boutique	- (ˈkloʊdɪŋ stor)
1484. Zapatería	- Shoe store	- (ʃuː stɔːr)

1485. Restaurante	- Restaurant	- (ˈrɛstərɒnt)
1486. Perfumería	- Perfumery	- (ˈpɜːfjuməri)
1487. Heladería	- Ice cream shop	- (aɪs kriːm shap)
1488. Tienda de muebles	- Furniture store	- (ˈfeːrnɪtsher stor)
1489. Tienda de deportes	- Sports store	- (sports stor)
1490. Tienda de juguetes	- Toy store	- (toi stor)

1491. Cafetería	- Coffee shop	- (ˈkafi shap)
1492. Bar	- Bar / Pub	- (baːr) / (pab)
1493. Panadería	- Bakery	- (ˈbeɪkeri)
1494. Dulcería	- Candy store / Sweet shop	- (ˈkændi stɔːr) / (swiːt ʃɒp)

Español	Inglés Palabra	Pronunciación
1495. Mercado	- Market	- (ˈmɑːrkɪt)
1496. Tienda de electrónicos	- Electronics store	- (ɪˌlɛkˈtrɒnɪks stor)
1497. Tela	- Fabric	- (ˈfæbrɪk)
1498. Algodón	- Cotton	- (ˈkaton)
1499. Punto	- Knit	- (nit)
1500. Encaje	- Lace	- (leis)
1501. Terciopelo	- Velvet	- (ˈvelvɪt)
1502. Cuero	- Leather	- (ˈlɛðər)
1503. Gamuza	- Suede	- (sueɪd)
1504. Gasa	- Gauze	- (ɡoz)
1505. Lana	- Wool	- (wʊl)
1506. Seda	- Silk	- (silk)
1507. Poliéster	- Polyester	- (ˈpaliˌestər)
1508. Nylon	- Nylon	- (ˈnaɪlan)
1509. Lino	- Linen	- (ˈlɪnen)
1510. Tejido	- Textile	- (ˈtekstaɪl)
1511. Teléfono móvil / Celular	- Mobile phone / Cell phone	- (ˈmoubəl foʊn) / (sɛl foʊn)
1512. Smartphone	- Smartphone	- (ˈsmɑrtˌfoun)
1513. Pantalla	- Screen	- (skrin)
1514. Aplicación	- App / Application	- (æp) / (ˌæplɪˈkeɪʃən)
1515. Contacto	- Contact	- (ˈkantækt)
1516. Agenda	- Calendar	- (ˈkælender)
1517. Cámara	- Camera	- (ˈkæmere)
1518. Llamada	- Call	- (koːl)
1519. Mensaje	- Message	- (ˈmesɪch)
1520. Correo electrónico	- Email	- (ˈiˌmeil)
1521. Foto	- Photo	- (ˈfoutoʊ)

Español	Inglés Palabra	Pronunciación
1522. Bluetooth	- Bluetooth	- (ˈbluːtuː)
1523. Batería	- Battery	- (ˈbæteri)
1524. Cargador	- Charger	- (charyer)
1525. Auriculares	- Headphones / Earphones	- (ˈjedˌfoʊnz) / (ˈɪrˌfoʊnz)
1526. Video	- Video	- (ˈvidioʊ)
1527. Redes sociales	- Social media	- (ˈsoʊshəl ˈmidie)
1528. Wi-Fi	- Wi-Fi	- (ˈwuaɪfaɪ)
1529. Altavoz	- Speaker	- (ˈspiker)
1530. Pantalla táctil	- Touchscreen	- (ˈtacheskriːn)
1531. Ajustes	- Settings	- (ˈsetiŋz)
1532. Memoria	- Memory	- (ˈmɛmeri)
1533. Almacenamiento	- Storage	- (ˈstoːrich)
1534. Contraseña	- Password	- (ˈpæsˌwu-erd)
1535. Huella digital	- Fingerprint	- (ˈfɪŋger-prɪnt)
1536. Actualizar	- Update	- (apˈdeit)
1537. Reiniciar	- Restart	- (riːestart)
1538. Desbloquear	- Unlock	- (anˈlak)
1539. Bloquear	- Lock	- (lak)
1540. Navegador web	- Web browser	- (wu-ɛb ˈbrauzər)
1541. Descargar	- Download	- (ˈdaʊn-loʊd)
1542. Subir	- Upload	- (ˈaploʊd)
1543. GPS	- GPS	- (ˌyiːpiːˈɛs)
1544. Emoji	- Emoji	- (iˈmoʊdyi)
1545. Notificación	- Notification	- (ˌnoʊtɪfɪˈkeɪshən)
1546. Barrer	- Sweep	- (suiːp)
1547. Fregar	- Mop	- (mɑːp)
1548. Aspirar	- Vacuum	- (ˈvækium)

| 1549. Limpieza | - Cleaning | - (ˈkliːnɪŋ) |

Español	**Inglés Palabra**	**Pronunciación**
1550. Jabón	- Soap	- (soup)
1551. Detergente	- Detergent	- (dɪˈteryent)
1552. Cepillo	- Brush	- (brash)
1553. Suciedad	- Dirt	- (dert)
1554. Trapo	- Cloth / Rag	- (klath) / (ræg)
1555. Cubo	- Bucket	- (ˈbakɪt)
1556. Escoba	- Broom	- (bruːm)
1557. Recoger	- Pick up	- (pɪkap)
1558. Bolsa de basura	- Trash bag / Garbage bag	- (træsh bæg) / (ˈgaːrbɪdch bæg)
1559. Limpieza a fondo	- Deep cleaning	- (diːp ˈkliːnɪŋ)
1560. Desinfectar	- Disinfect	- (dɪsɪnfekt)
1561. Desodorante	- Deodorant -	(ˈdiːoʊdərənt)
1562. Basura	- Garbage / Trash	- (ˈgaːrbɪdch)
1563. Polvo	- Dust	- (dast)
1564. Lavar	- Wash	- (wash)
1565. Enjuagar	- Rinse	- (rɪns)
1566. Secar	- Dry	- (drai)
1567. Esponja	- Sponge	- (spanch)
1568. / (træʃ)		
1569. Limpio	- Clean	- (kliːn)
1570. Sucio	- Dirty	- (ˈdeːrti)
1571. Manchas	- Stains	- (steɪnz)
1572. Desastre	- Disaster	- (dɪˈzæster)
1573. Desperdicios	- Waste	- (wu-eɪst)

Español	Inglés Palabra	Pronunciación
1574. Lavadora	- Washing machine	- (ˈwashin meshin)
1575. Secadora	- Dryer	- (ˈdraɪer)
1576. Desinfección	- Disinfection	- (ˌdɪsɪnˈfɛkshen)
1577. Limpieza rápida	- Quick cleaning	- (kuɪk ˈkliniŋ)
1578. Organizar	- Organize	- (ˈorgeˌnaiz)
1579. Desorden	- Mess	- (mɛs)
1580. Ordenar	- Tidy up	- (ˈtaɪdi ʌp)
1581. Sopa	- Soup	- (suːp)
1582. Caldo	- Broth	- (brath)
1583. Verduras	- Vegetables	- (ˈveyetebolz)
1584. Pollo	- Chicken	- (shikin)
1585. Res	- Beef	- (biːf)
1586. Cerdo	- Pork	- (pork)
1587. Mariscos	- Seafood	- (ˈsiːfud)
1588. Fideos	- Noodles	- (ˈnuːdelz)
1589. Crema	- Cream	- (kriːm)

Verbos de personalidad

Español	Inglés Palabra	Pronunciación
1590. Ser	- To be	- (tu bi)
1591. Tener	- To have	- (tu hæf)
1592. Sentir	- To feel	- (tu fil)
1593. Pensar	- To think	- (tu thiŋk)
1594. Querer	- To want	- (tu wu-ant)
1595. Necesitar	- To need	- (tu niːd)
1596. Amar	- To love	- (tu lʌv)
1597. Odiar	- To hate	- (tu jeɪt)
1598. Gustar	- To like	- (tu laɪk)
1599. Preferir	- To prefer	- (tu prɪˈfer)

Español	Inglés Palabra	Pronunciación
1600. Decidir	- To decide	- (tu dɪˈsaid)
1601. Confiar	- To trust	- (tu trast)
1602. Creer	- To believe	- (tu biˈliːf)
1603. Conocer	- To know	- (tu nou)
1604. Aprender	- To learn	- (tu leːrn)
1605. Clase	- Class	- (klɑːs)
1606. Sociedad	- Society	- (seˈsaieti)
1607. Escuela	- School	- (eskul)
1608. Universidad	- University	- (ˌiuːnɪˈveːrsɪti)
1609. Profesor	- Teacher	- (ˈtiːsher)
1610. Aprender	- Learn	- (leːrn)
1611. Enseñar	- Teach	- (tiːsh)
1612. Examen - Maestro	- Master	- (ˈmæstər)
1613. Educación	- Education	- (ˌediuˈkeɪshen)
1614. Estudiante	- Student	- (ˈstiuːdent)
1615. Conocimiento	- Knowledge	- (ˈnalɪdch)
1616. Examen -	Exam	(ɪgˈzæm)
1617. Tarea	- Homework	- (ˈhoʊmwɜːrk) /
1618. Notas	- Grades	- (greɪdz)
1619. Alumno	- Pupil / Student	- (ˈpiuːpel̩) /
(ˈestiuːdent)		
1620. Catedrático	- Professor	- (preˈfesər)
1621. Curso	- Course	- (kouːrs)
1622. Semestre	- Semester	- (sɪˈmestər)
1623. Asignatura	- Subject	- (ˈsabdyɪkt)
1624. Educación primaria	- Primary education	- (ˈpraɪməri ˌɛdyʊkeɪshen)

Español	Inglés Palabra	Pronunciación
1625. Educación secundaria	- Secondary education	- (ˈsɛkendɛri ˌɛdiuˈkeɪshen)
1626. Clase baja	- Lower class	- (ˈlouer klæs)
1627. Riqueza	- Wealth	- (wɛlth)
1628. Pobreza	- Poverty	- (ˈpaverti)
1629. Privilegio	- Privilege	- (ˈprɪvelɪdch)
1630. Ascenso social	- Social mobility	- (ˈsoʊshel mobiliti)
1631. Clase alta	- Upper class	- (ˈaper klæs)
1632. Clase media	- Middle class	- (ˈmɪdel klæs)
1633. Fortuna	- Fortune	- (ˈfoːrtshun)
1634. Herencia	- Inheritance	- (ɪnˈjɛrɪtens)
1635. Desigualdad	- Inequality	- (ˌɪnɪˈkualɪti)
1636. Oportunidad	- Opportunity	- (ˌɑːpərˈtuːneti)
1637. Desventaja	- Disadvantage	- (ˌdɪsedˈvæntidch)
1638. Ventaja	- Advantage	- (ədˈvæntɪdch)
1639. Oportunidades educativas	- Educational opportunities	- (ˌɛdiʊˈkeishenal apartunitis)
1640. Estatus social	- Social status	- (ˈsoʊshəl ˈsteɪtes)
1641. Clase trabajadora	- Working class	- (ˈweːrkiŋ klæs)
1642. Clase empresarial	- Business class	- (ˈbɪznis klæs)
1643.		
1644. Clase obrera	- Labor class	- (ˈleɪber klæs)
1645. Aristocracia	- Aristocracy	- (ˌæriˈstakresi)
1646. Burguesía	- Bourgeoisie	- (ˌbʊryaːˈziː)
1647. Elites	- Elites	- (iˈliːts)
1648. Clase privilegiada	- Privileged class	- (ˈprɪvelɪdched klæs)
1649. Clase desfavorecida	- Disadvantaged class	- (ˌdɪsedˈveɪdchd klæs)
1650. Clase marginada	- Marginalized class	- (ˈmardyɪnəˌlaɪzd klæs)

Español	Inglés Palabra	Pronunciación
1651. Igualdad	- Equality	- (ɪˈkualɪti)
1652. Estatus	- Status	- (ˈsteɪtes)
1653. Movilidad social	- Social mobility	- (ˈsoshel moʊˈbɪleti)
1654. Discriminación	- Discrimination	- (dɪˌskrɪmɪˈneɪshen)
1655. Clase acomodada	- Affluent class	- (ˈæfluent klæs)
1656. Clase desfavorecida	- Underprivileged class	- (ˌandərˈprɪvelɪdchd klæs)
1657. Rey	- King	- (kiŋ)
1658. Reina	- Queen	- (kuiːn)
1659. Príncipe	- Prince	- (prɪns)
1660. Princesa	- Princess	- (ˈprɪnses)
1661. Emperador	- Emperor	- (ˈɛmperer)
1662. Emperatriz	- Empress	- (ˈɛmpris)
1663. Duque	- Duke	- (duːk)
1664. Duquesa	- Duchess	- (ˈdatshɪs)
1665. Conde	- Count	- (kaʊnt)
1666. Condesa	- Countess	- (ˈkauntɪs)
1667. Marqués	- Marquess / Marquis	- (ˈmɑːkuɪs) / (ˈmɑːkɪs)
1668. Marquesa	- Marchioness	- (ˈmaːrshenɪs)
1669. Barón	- Baron	- (ˈbæren)
1670. Baronesa	- Baroness	- (ˈbærenɪs)
1671. Noble	- Noble	- (ˈnoubel)
1672. Nobleza	- Nobility	- (neʊˈbɪleti)
1673. Monarca	- Monarch	- (ˈmanaːrk)
1674. Coronación	- Coronation	- (ˌkareˈneɪshen)
1675. Trono	- Throne	- (throun)
1676. Heredero	- Heir	- (er)
1677. Heredera	- Heiress	- (ˈerɪs)

Español	Inglés Palabra	Pronunciación
1678. Dinastía	- Dynasty	- ('daɪnesti)
1679. Sucesión	- Succession	- (sek'seshen)
1680. Real	- Royal	- ('roiel)
1681. Monarquía	- Monarchy	- ('manerki)
1682. Hidrógeno	- Hydrogen	- ('jaɪdredyen)
1683.		
1684. Oxígeno	- Oxygen	- ('aksidyən)
1685. Carbono	- Carbon	- ('kɑːrben)
1686. Nitrógeno	- Nitrogen	- ('naɪtredyən)
1687. Hierro	- Iron	- ('aɪeren)
1688. Oro	- Gold	- (gould)
1689. Plata	- Silver	- ('sɪlver)
1690. Calcio	- Calcium	- ('kælsiem)
1691. Sodio	- Sodium	- ('soudiem)
1692. Potasio	- Potassium	- (pe'tæsiem)
1693. Cobre	- Copper	- ('kuːper)
1694. Mercurio	- Mercury	- ('merːkiʊri)

Capítulo 10
Todo el vocabulario mixto de medio ambiente, plantas, geografía naturaleza más usado en inglés

Español	Inglés Palabra	Pronunciación
1696. Océano	- Ocean	- ('oushen)
1697. Mar	- Sea	- (siː)
1698. Río	- River	- ('rɪver)
1699. Lago	- Lake	- (leik)
1700. Montaña	- Mountain	- ('maunten)
1701. Contaminación	- Pollution	- (pə'luːshən)
1702. Bosque	- Forest	- ('forɪst)
1703. Cambio climático	- Climate change	- ('klaimet sheɪndch)
1704. Efecto invernadero	- Greenhouse effect	- ('griːnjaʊs ɪ'fekt)
1705. Capa de ozono	- Ozone layer	- ('oʊzoʊn 'leɪər)
1706. Deforestación	- Deforestation	- (ˌdiːfoːrɪ'steɪshen)
1707. Reciclaje	- Recycling	- (ˌriː'saɪklɪŋ)
1708. Energía	- Energy	- ('ɛnerdyi)
1709. Renovable	- Renewable	- (rɪ'nuːebel)
1710. Sostenible	- Sustainable	- (ses'teɪnebel)
1711. Calentamiento global	- Global warming	- ('gloʊbal 'woːrmiŋ)
1712. Naturaleza	- Nature	- ('neɪshər)
1713. Tierra	- Earth	- (e-rth)
1714. Aire	- Air	- (er)
1715. Agua	- Water	- ('wuarer)
1716. Medio ambiente	Environment	- (ɪn'vairɛnmənt)
1717. Suelo	- Soil	- (soil)

Español	Inglés Palabra	Pronunciación
1718. Conservación	- Conservation	- (ˌkɒnsərˈveɪshen)
1719. Biodiversidad	- Biodiversity	- (ˌbaɪoʊdaɪˈvɜːrsəti)
1720. Especie	- Species	- (ˈspiːshiz)
1721. Desertificación	- Desertification	- (dɪˌzɜːrtɪfɪˈkeɪshen)
1722. Contaminante	- Pollutant	- (ˈpal.jʊ.tənt)
1723. Residuos	- Waste	- (wu-eɪst)
1724. Extinción	- Extinction	- (ɪkˈstɪŋkshen)
1725. Reducir	- Reduce	- (rɪˈduːs)
1726. Reutilizar	- Reuse	- (riːˈjuːz)
1727. Recuperar	- Recover	- (rɪˈksvər)
1728. Basura	- Garbage	- (ˈgɑːrbɪdsh)
1729. Plástico	- Plastic	- (ˈplæstɪk)
1730. Agricultura	- Agriculture	- (ˈægrɪˌksltshər)
1731. Ecología	- Ecology	- (ɪˈkɒlədʒi)
1732. Rescatar	- Rescue	- (ˈrɛskiuː)
1733. Energía renovable	- Renewable energy	- (rɪˈnuːəbl ˈɛnərdyi)
1734. Energía solar	- Solar energy	- (ˈsoʊlər ˈɛnərdyi)
1735. Energía eólica	- Wind energy	- (wu-ɪnd ˈɛnərdyi)
1736. Energía hidráulica	- Hydroelectric energy	- (ˌhaɪdroʊɪˈlɛktrɪk ˈɛnərdyi)
1737. Cuidar	- Care	- (kɛr)
1738. Contaminar	- Pollute	- (pəˈluːt)
1739. Contaminación del aire	- Air pollution	- (ɛr pəˈluːshen)
1740. Contaminación del agua	- Water pollution	- (ˈwɔːtər Energía
1741. geotérmica	- Geothermal energy	- (ˌyiːoʊˈthermɪk
Conservacionista	- Conservationist	- (ˌkansərˈveɪshənɪst)
1742. Ecologista	- Environmentalist	- (ɪnˌvaɪrənˈmɛntəlɪst)
1743. Contenedor	- Container	- (kənˈteɪnər)

Español	Inglés Palabra	Pronunciación
1744. Recursos naturales	- Natural resources	- (ˈnæsherel rɪˈsoːrsiz)
1745. Huella de carbono	- Carbon footprint	- (ˈkaːrben ˈfutprint)
1746. Conservar	- Conserve	- (kenˈserv)
1747. Proteger	- Protect	- (preˈtekt)
1748. Contaminación del suelo	- Soil pollution	- (soil peˈluːshen)
1749. Contaminación del ruido	- Noise pollution	- (noiz pəˈluːshən)
1750. Agotamiento de recursos	- Resource depletion	- (riˈsoːrs dɪˈpliːshən)
1751. Conservación del agua	- Water conservation	- (ˌwuorər ˌkansərˈveɪshən)
1752. Protección de especies	- Species protection	- (ˈspiːshiz preˈtɛkshən)
1753. Reserva natural	- Nature reserve	- (ˈneɪsher rɪˈzeːrv)
1754. Reciclaje de vidrio	- Glass recycling	- (glæs ˌriːˈsaɪklɪŋ)
1755. Reciclaje de metal	- Metal recycling	- (ˈmetl ˌriːˈsaɪklɪŋ)
1756. Energía no renovable	- Non-renewable energy	- (nan rɪˈnuːebol ˈɛnərdʒi)
1757. Sustentabilidad	- Sustainability	- (sesteɪneˈbɪlɪti)
1758. Reciclaje de plástico	- Plastic recycling	- (ˈplæstɪk ˌriːˈsaɪklɪŋ
1759. Energía nuclear	- Nuclear energy	- (ˈnuklier ˈenerdyi)
1760. Energía hidroeléctrica	- Hydroelectric power	- (ˌhaidroʊɪ-lektrɪk ˈpaueɾ)
1761. Desarrollo sostenible	- Sustainable development	- (sesˌteinebol dɪˈvelepment)
1762. Residuos sólidos	- Solid waste	- (ˈsalɪd wu-eɪst)
1763. Reciclaje de papel	- Paper recycling	- (ˈpeɪper ˌriː-saɪklɪŋ)
1764. Energía geotérmica	- Geothermal energy	- (ˌyiːou-ˈthermɪk ˈɛnerdyi)
1765. Energía de biomasa	- Biomass energy	- (ˈbaɪoʊˌmæs ˈɛnərdyi)
1766. Geografía	- Geography	- (yiˈagrefi)
1767. Continente	- Continent	- (ˈkantɪnent)
1768. Océano	- Ocean	- (ˈoushen)

Español	Inglés Palabra	Pronunciación
1769. Tierra	- Land	- (lænd)
1770. Cielo	- Sky	- (skaɪ)
1771. Clima	- Climate	- (klaɪmət)
1772. Tiempo	- Weather	- (ˈwu-edər)
1773. Desierto	- Desert	- (ˈdezərt)
1774. Selva	- Jungle	- (ˈyaŋgel)
1775. Savana	- Savannah	- (seˈvæne)
1776. Tundra	- Tundra	- (ˈtɑndrə)
1777. Glaciar	- Glacier	- (ˈɡleɪshər)
1778. Lago	- Lake	- (leɪk)
1779. Montaña	- Mountain	- (ˈmaʊnten)
1780. Valle	- Valley	- (ˈvæli)
1781. Islas	- Islands	- (ˈaɪləndz)
1782. Paisaje	- Landscape	- (ˈlændˌskeip)
1783. Volcán	- Volcano	- (ˈvalˌkeɪnou)
1784. Terremoto	- Earthquake	- (ˈerthkueɪk)
1785. Mar	- Sea	- (siː)
1786. Río	- River	- (ˈriver)
1787. Bioma	- Biome	- (ˈbaɪoum)
1788. Latitud	- Latitude	- (ˈlætiˌtiud)
1789. Longitud	- Longitude	- (ˈlɑngi-tiud)
1790. Cartografía	- Cartography	- (kɑːˈtɒɡrəfi)
1791. Mapa	- Map	- (mæp)
1792. Tsunami	- Tsunami	- (tsuˈnɑːmi)
1793. Erosión	- Erosion	- (ɪˈroushen)
1794. Contaminación	- Pollution	- (peˈluːshən)
1795. Vegetación	- Vegetation	- (ˌveyeɪˈteɪshən)
1796. Brújula	- Compass	- (ˈkampes)

Español	**Inglés Palabra**	**Pronunciación**
1797. Este	- East	- (iːst)
1798. Norte	- North	- (noːrth)
1799. Oeste	- West	- (wu-est)
1800. País	- Country	- (ˈkantri)
1801. Capital	- Capital	- (ˈkæpital)
1802. Ciudad	- City	- (ˈsɪti)
1803. Sur	- South	- (sauth)
1804. Flor	- Flower	- (flauer)
1805. Población	- Population	- (ˌpapiəˈleɪshen)
1806. Pueblo	- Town	- (taun)
1807. Aldea	- Village	- (ˈvɪlidch)
1808. Continente	- Continent	- (ˈkantɪnent)
1809. Archipiélago	- Archipelago	- (ɑːrˈkipe-ˌleɪgoʊ)
1810. Estrecho	- Strait	- (streit)
1811. Golfo	- Gulf	- (galf)
1812. Rosa	- Rose	- (rouz)
1813. Girasol	- Sunflower	- (sanflauer)
1814. Tulipán	- Tulip	- (tiu-lɪp)
1815. Margarita	- Daisy	- (deizi)
1816. Lirio	- Lily	- (lili)
1817. Orquídea	- Orchid	- (orkɪd)
1818. Península	- Peninsula	- (peˈnɪnsiəle)
1819. Costa	- Coast	- (koust)
1820. Cordillera	- Mountain range	- (mauntən reɪndch)
1821. Altitud	- Altitude	- (æltɪˌtiuːd)
1822. Profundidad	- Depth	- (dɛpth)
1823. Cuenca	- Basin	- (beɪsn)
1824. Estuario	- Estuary	- (ɛstiʊ-ɛri)
1825. Delta	- Delta	- (dɛlte)

Español	Inglés Palabra	Pronunciación
1826. Azalea	- Azalea	- (eˈzeɪliə)
1827. Dalia	- Dahlia	- (deɪliə)
1828. Árbol	- Tree	- (triː)
1829. Istmo	- Isthmus	- (ˈɪsthmɛs)
1830. Bosque	- Forest	- (faɾɪst)
1831. Hoja	- Leaf	- (lif)
1832. Ramas	- Branches	- (brænchɪz)
1833. Tronco	- Trunk	- (traŋk)
1834. Pino	- Pine	- (pain)
1835. Roble	- Oak	- (ouk)
1836. Arce	- Maple	- (meɪpol)
1837. Abeto	- Fir	- (feːr)
1838. Cedro	- Cedar	- (siːder)
1839. Sauce	- Willow	- (wui-loʊ)
1840. Palma	- Palm	- (pɑːm)
1841. Eucalipto	- Eucalyptus	- (iuːkeˈlɪptɛs)
1842. Ciprés	- Cypress	- (sɪprɛs)
1843. Abeto	- Spruce	- (esprus)
1844. Árbol	- Tree	- (triː)
1845. Planta	- Plant	- (plænt)
1846. Flor	- Flower	- (flaueɾ)
1847. Hoja	- Leaf	- (liːf)
1848. Secuoya	- Sequoia	- (sɪˈkwuoɪe)
1849. Clavel	- Carnation	- (kɑrˈneɪshən)
1850. Jacinto	- Hyacinth	- (jaɪesɪnth)
1851. Narciso	- Daffodil	- (dæfedɪl)
1852. Camelia	- Camellia	- (kəˈmiːlie)

Español	Inglés Palabra	Pronunciación
1853. Semilla	- Seed	- (sid)
1854. Estrella	- Star	- (stɑr)
1855. Fuego	- Fire	- ('faier)
1856. Viento	- Wind	- (wuind)
1857. Nube	- Cloud	- (klaud)
1858. Rayo	- Lightning	- ('laɪtniŋ)
1859. Bosque	- Forest	- ('farist)
1860. Mar	- Sea	- (siː)
1861. Desierto	- Desert	- ('dezert)
1862. Cielo	- Sky	- (skai)
1863. Sol	- Sun	- (san)
1864. Luna	- Moon	- (muːn)
1865. Raíces	- Roots	- (ruːts)
1866. Corteza	- Bark	- (baːrk)
1867. Cascada	- Waterfall	- ('wuaːtər ˌfoːl)
1868. Pradera	- Meadow	- ('medoʊ)
1869. Agua	- Water	- ('wuotər)
1870. Arcoíris	- Rainbow	- ('rænbou)
1871. Niebla	- Fog	- (fag)
1872. Roca	- Rock	- (rak)
1873. Arena	- Sand	- (sænd)
1874. Fruto	- Fruit	- (fru-t)
1875. Montaña	- Mountain	- ('maunten)
1876. Naturaleza	- Nature	- (neɪtsher)
1877. Hielo	- Ice	- (ais)
1878. Playa	- Beach	- (biːch)
1879. Tierra	- Earth	- (erth)
1880. Aire	- Air	- (ɛr)

Español	Inglés Palabra	Pronunciación
1881. Terremoto	- Earthquake	- (ˈerthkue-ik)
1882. Sauce	- Willow tree	- (ˈwu-iloʊ triː)
1883. Roble	- Oak tree	- (oʊk triː)
1884. Tundra	- Tundra	- (ˈtandɾe)
1885. Trueno	- Thunder	- (ˈthandeɾ)
1886. Selva	- Jungle	- (ˈyaŋgel)
1887. Sabana	- Savanna	- (seˈvæne)
1888. Musgo	- Moss	- (mas)
1889. Alga	- Algae	- (ˈælgi)
1890. Coral	- Coral	- (ˈkoːrel)
1891. Arbusto	- Shrub	- (shrab)
1892. Medusa	- Jellyfish	- (ˈyɛliˌfish)
1893. Bosque de niebla	- Cloud forest	- (klaud
1894. Duna	- Dune	- (dun)
1895. Glaciar	- Glacier	- (ˈgleishər)
1896. Avalancha	- Avalanche	- (ˈævəlæntsh)
1897. Marejada	- Tide	- (taɪd)
1898. Huracán	- Hurricane	- (ˈjeːrɪken)
1899. Océano	- Ocean	- (ˈoʊshən)
1900. Río	- River	- (ˈrɪveɾ)
1901. Lago	- Lake	- (leik)
1902. Hierba	- Grass -	(græs)
1903. Tsunami	- Tsunami	- (tsuˈnɑːmi)
1904. Volcán	- Volcano	- (ˈvalˌkeinoʊ)
1905. Tifón	- Typhoon	(taifon)
1906. - Arena	- Sand	- (sænd)
1907. Acantilado	- Cliff	- (klɪf)
1908. Valle	- Valley	- (ˈvæli)

Español	Inglés Palabra	Pronunciación
1909. Terremoto	- Earthquake	- (ˈerthkue-ɪk)
1910. Cueva	- Cave	- (keiv)
1911. Amanecer	- Sunrise	- (ˈsanraiz)
1912. Atardecer	- Sunset	- (ˈsanset)
1913. Estanque	- Pond	- (pand)
1914. Sequía	- Drought	- (draut)
1915. Tormenta	- Storm	- (stoːrm)
1916. Ciclón	- Cyclone	- (ˈsaɪkleun)
1917. Hail	- Hail	- (jeɪl)
1918. Arcoíris	- Rainbow	- (ˈreɪnbou)
1919. Sol	- Sun	- (san)
1920. Luna	- Moon	- (muːn)
1921. Hielo	- Ice	- (aɪs)
1922. Geiser	- Geyser	- (ˈgaɪzer)
1923. Catarata	- Waterfall	- (ˈweːtərˌfoːl)
1924. Glaciar	- Glacier	- (ˈgleɪshər)
1925. Raíz	- Root	- (ruːt)
1926. Tallo	- Stem	- (stem)
1927. Ramita	- Twig	- (tuɪg)
1928. Avalancha	- Landslide	- (ˈlændslaɪd)
1929. Fruto	- Fruit	- (frut)
1930. Estrella	- Star	- (star)
1931. Meteorito	- Meteor	- (ˈmiːriər)
1932. Inundación	- Flood	- (flad)
1933. Tornado	- Tornado	- (torˈneirou)
1934. Cactus	- Cactus	- (ˈkæktes)
1935. Palmera	- Palm tree	- (pam triː)

Español	Inglés Palabra	Pronunciación
1936. Eclipse	- Eclipse	- (ɪˈklips)
1937. Marea alta	- High tide	- (jaɪ taɪd)
1938. Nube	- Cloud	- (klaud)
1939. Suelo	- Soil	- (sɔɪl)
1940. Erosión	- Erosion	- (ɪˈroushən)
1941. Ambiente	- Environment	- (ɪnˈvaɪrənmɛnt)
1942. Planta	- Plant	- (plænt)
1943. Arrecife de coral	- Coral reef	- (ˈkoːrel riːf)
1944. Barro	- Mud	- (mad)
1945. Pino	- Pine tree	- (paɪn triː)
1946. Árbol	- Tree	- (triː)
1947. Hierba	- Grass	- (ɡræs)
1948. Helecho	- Fern	- (fɛrn)
1949. Musgo	- Moss	- (mas)
1950. Vaina	- Pod	- (pad)
1951. Flor	- Flower	- (ˈflauer)
1952. Fuente termal	- Hot spring	- (jat sprɪŋ)
1953. Arroyo	- Stream	- (striːm)
1954. Cometa	- Comet	- (ˈkamit)
1955. Cielo	- Sky	- (skai)
1956. Hoja	- Leaf	- (li-f)
1957. Niebla	- Fog	- (faɡ)
1958. Lluvia	- Rain	- (reɪn)
1959. Nieve	- Snow	- (snoʊ)
1960. Roca	- Rock	- (rak)
1961. Rocas	- Rocks	- (raks)
1962. Semilla	- Seed	- (siːd)
1963. Brote	- Bud	- (bad)
1964. Arbusto	- Shrub	- (shrab)
1965. Marea baja	- Low tide	- (lou taɪd)

Capítulo 11
Vocabulario de Compras

Español	Inglés Palabra	Pronunciación
1966. Tienda	- Store / Shop	- (stoːr) / (shap)
1967. Comprar	- To buy	- (bai)
1968. Vender	- To sell	- (sel)
1969. Cliente	- Customer	- ('kastemer)
1970. Producto	- Product	- ('pradakt)
1971. Precio	- Price	- (prais)
1972. Oferta	- Offer / Sale	- ('afər) / (seil)
1973. Descuento	- Discount	- ('diskaʊnt)
1974. Caja	- Cashier / Checkout	- ('kæshɪer) / (shekaʊt)
1975. Carrito de compras	- Shopping cart	- ('shapiŋ kɑːrt)
1976. Bolsa	- Bag	- (bæg)
1977. Tarjeta de crédito	- Credit card	- ('krɛdɪt kɑːrd)
1978. Efectivo	- Cash	- (kæsh)
1979. Recibo	- Receipt	- (rɪˈsiːt)
1980. Devolución	- Return / Refund	- (riˈtern) / (riˈfand)
1981. Vestidor	- Fitting room / Dressing room	- ('fɪtɪŋ ruːm) / ('drɛsɪŋ ruːm)
1982. Comprador	- Shopper / Buyer	- ('shaper) / ('baier)
1983. Talla	- Size	- (saɪz)
1984. Marca	- Brand	- (brænd)
1985. Rebajas	- Sales / Discounts	- (seilz) / ('dɪskaʊnts)
1986. Estantería	- Shelf	- (shelf)

1987. Caja registradora   - Cash register   - (kæsh ˈredyɪstɐr)
1988. Promoción   - Promotion   - (preˈmoushen)
1989. Comercio   - Trade / Commerce   - (treɪd) / (ˈkamers)

Capítulo 12
Vocabulario más usado relacionado a metales y minerales minería energía

Español	Inglés Palabra	Pronunciación
1990. Zinc	- Zinc	- (zɪŋk)
1991. Níquel	- Nickel	- (ˈnɪkəl)
1992. Oro	- Gold	- (goʊld)
1993. Plata	- Silver	- (ˈsɪlvər)
1994. Cobre	- Copper	- (ˈkɒpər)
1995. Hierro	- Iron	- (ˈaɪərn)
1996. Aluminio	- Aluminum	- (əˈluːmɪniəm)
1997. Plomo	- Lead	- (liːd)
1998. Estaño	- Tin	- (tɪn)
1999. Roca	- Rock	- (rɒk)
2000. Carbón	- Coal	- (koʊl)
2001. Oro	- Gold	- (goʊld)
2002. Plata	- Silver	- (ˈsɪlvər)
2003. Cobre	- Copper	- (ˈkɒpər)
2004. Hierro	- Iron	- (ˈaɪərn)
2005. Diamante	- Diamond	- (ˈdaɪəmənd)
2006. Explosión	- Blast	- (blæst)
2007. Excavadora	- Excavator	- (ˈɛkskəˌveɪtər)
2008. Perforadora	- Drilling rig	- (ˈdrɪlɪŋ rɪg)
2009. Titanio	- Titanium	- (taɪˈteɪniəm)
2010. Platino	- Platinum	- (ˈplætɪnəm)
2011. Mercurio	- Mercury	- (ˈmɜːrkjəri)
2012. Mineral	- Mineral	- (ˈmɪnərəl)
2013. Diamante	- Diamond	- (ˈdaɪəmənd)

2014. Minería   - Mining   - (ˈmaɪnɪŋ)

2015. Mina   - Mine   - (maɪn)

2016. Minero   - Miner   - (ˈmaɪnər)

Español	Inglés Palabra	Pronunciación
2017. Cargador	- Loader	- (ˈloʊrer)
2018. Camión minero	- Mining truck	- (ˈmaɪnɪŋ trak)
2019. Dinamita	- Dynamite	- (ˈdainəˌmait)
2020. Energía	- Energy	- (ˈɛnərdyi)
2021. Combustible	- Fuel	- (fiuːl)
2022. Petróleo	- Oil	- (oil)
2023. Gasolina	- Gasoline	- (ˈgæsəˌlin)
2024. Electricidad	- Electricity	- (ɪˌlekˈtrɪsiti)
2025. Carbón	- Coal	- (koul)
2026. Nuclear	- Nuclear	- (ˈniuːklier)
2027. Kilovatio	- Kilowatt	- (ˈkɪlou-ˌwu-at)
2028. Gas	- Gas	- (gæs)
2029. Extracción	- Extraction	- (ɪkˈstrækshən)
2030. Yacimiento	- Deposit	- (dɪˈpazit)
2031. Geotérmica	- Geothermal	(ˌyiːoʊˈtheːrmik)
2032. Paneles solares	- Solar panels	- (ˈsoʊler ˈpænelz)
2033. Renovable	- Renewable	- (rinuːebel)
2034. Solar	- Solar	- (ˈsoʊlər)
2035. Eficiencia	- Efficiency	- (ɪˈfɪshensi)
2036. Megavatio	- Megawatt	- (ˈmege-ˌwu-ɑt)
2037. Teravatio	- Terawatt	- (ˈterəˌwu-ɑt)
2038. Voltaje	- Voltage	- (ˈvoultɪsh)
2039. Corriente	- Current	- (ˈkarent)

2040. Renovación   - Renewal   - (rɪˈniuːel)
2041. Red eléctrica   - Power grid   - (ˈpauər grɪd)
2042. Turbina   - Turbine   - (ˈteːrbain)
2043. Generador   - Generator   - (ˈyene-reiter)
2044. Batería   - Battery   - (ˈbærrri)
2045. Célula de combustible - Fuel cell   - (fiuːl sel)
2046. Veta   - Vein   - (vein)
2047. Eólica   - Wind   - (wu-ɪnd)
2048. Hidráulica   - Hydraulic   - (jaɪˈdraːlɪk)
2049. Biomasa   - Biomass   - (ˈbaɪouˌmæs)

2050. Consumo   - Consumption   - (kenˈsampshen)
2051. Ahorro   - Savings   - (ˈseiviŋz)
2052. Potencia   - Power   - (ˈpauer)

Capítulo 13

Palabras más usadas relacionadas al vocabulario de casa hogar y todos los departamentos que incluyen

Español	Inglés Palabra	Pronunciación
2054. Sartén	- Pan	- (pæn)
2055. Tabla de cortar	- Cutting board	- (ˈkatiŋ bɔrrd)
2056. Batidora	- Blender	- (ˈblender)
2057. Licuadora	- Mixer	- (ˈmikser)
2058. Utensilios	- Utensils	- (iuːˈtenselz)
2059. Cuchillo	- Knife	- (naɪf)
2060. Tenedor	- Fork	- (fork)
2061. Cuchara	- Spoon	- (spuːn)
2062. Plato	- Plate	- (pleɪt)
2063. Taza	- Cup	- (kap)
2064. Hervir	- Boil	- (boɪl)
2065. Vaso	- Glass	- (glæs)
2066. Olla	- Pot	- (pat)
2067. Hornear	- Bake	- (beik)
2068. Picar	- Chop	- (shap)
2069. Mezclar	- Mix	- (miks)
2070. Revolver	- Stir	- (steːr)
2071. Freír	- Fry	- (frai)
2072. Asar	- Roast	- (roust)
2073. Cocina	- Kitchen	- (ˈkɪtshen)
2074. Estufa	- Stove	- (stouv)
2075. Horno	- Oven	- (ˈaven)
2076. Refrigerador	- Refrigerator	- (rɪˈfrɪdyereiter)

2077. Congelador — Freezer — ('fri-zər)

Español	**Inglés Palabra**	**Pronunciación**
2078. Microondas	- Microwave	- ('maikre‚wu-eɪv)
2079. Lavaplatos	- Dishwasher	- ('dɪsh‚wuasher)
2080. Fregadero	- Sink	- (siŋk)
2081. Espátula	- Spatula	- ('spætshele)
2082. Colador	- Strainer	- ('streiner)
2083. Batidor	- Whisk	- (wu-ɪsk)
2084. Termómetro de cocina	- Cooking thermometer	- ('kukɪŋ ther‚mamɪter)
2085. Delantal	- Apron	- ('eipren)
2086. Guantes de cocina	- Oven mitts	- ('aven mits)
2087. Termo	- Thermos	- ('thermous)
2088. Molde para hornear	- Baking pan	- ('beɪkiŋ pæn)
2089. Enfriar	- Cool	- (kul)
2090. Servir	- Serve	- (seːrv)
2091. Degustar	- Taste	- (teist)
2092. Lavaplatos	- Dishwasher	- ('dɪsh‚wɑsher)
2093. Cafetera	- Coffee maker	- ('kafi 'meɪker)
2094. Tostadora	- Toaster	- ('toustər)
2095. Mesa	- Table	- ('teɪbol)
2096. Sofá	- Sofa	- ('soʊfe)
2097. Cama	- Bed	- (bed)
2098. Armario	- Wardrobe	- ('wor-‚droʊb)
2099. Estantería	- Bookshelf	- ('bukshelf)
2100. Escritorio	- Desk	- (desk)
2101. Lámpara	- Lamp	- (læmp)
2102. Cortina	- Curtain	- ('keːrton)
2103. Abrelatas	- Can opener	- (kæn 'oupəner)
2104. Silla	- Chair	- (sher)
2105. Espejo	- Mirror	- ('mɪrer)

Español	Inglés Palabra	Pronunciación
2106. Cuadro	- Painting	- ('peɪntɪŋ)
2107. Mesa de centro	- Coffee table	- ('kafi 'teɪbol̩)
2108. Cómoda	- Dresser	- ('drɛser)
2109. Mesita de noche	- Nightstand	- ('naɪt͵stænd)
2110. Sofá cama	- Sofa bed	- ('soʊfe bed)
2111. Alfombra	- Rug	- (ɾag)
2112. Hervidor	- Kettle	- ('ketel̩)
2113. Exprimidor	- Juicer	- ('yuuːsər)
2114. Batidor de mano	- Hand mixer	- (jænd 'mɪkser)
2115. Tabla de cortar	- Cutting board	- ('katɪŋ boːrd)
2116. Rallador	- Grater	- ('greɪrer)
2117. Vitrina	- Display cabinet	- (dɪ'spleɪ 'kæbɪnit)
2118. Cuna	- Crib	- (kɾib)
2119. Tocador	- Vanity	- ('væneti)
2120. Bañera	- Bathtub	- ('bæth͵tab)
2121. Toalla	- Towel	- ('tauel)
2122. Papel higiénico	- Toilet paper	- ('toɪlet 'peɪper)
2123. Cepillo de dientes	- Toothbrush	- ('tuɾh -brash)
2124. Pasta dental	- Toothpaste	- ('tuth-peɪst)
2125. Albornoz	- Bathrobe	- ('bæth-roʊb)
2126. Secador de pelo	- Hair dryer	- (jɛr 'draɪer)
2127. Perchero	- Coat rack	- (kout ræk)
2128. Acondicionador	- Conditioner	- (kən'dɪshener)
2129. Peine	- Comb	- (koum)
2130. Cepillo	- Brush	- (brash)

Español	Inglés Palabra	Pronunciación
2131. Desodorante	- Deodorant	- (di'ouderent)
2132. Esponja	- Sponge	- (spanch)
2133. Cortina de ducha	- Shower curtain	- ('shauer 'keːrtin)
2134. Tapete de baño	- Bath mat	- (bæthy mæt)
2135. Banqueta	- Stool	- (estul)
2136. Jabonera	- Soap dish	- (soʊp dish)
2137. Cesto de ropa sucia	- Laundry basket	- ('londri 'bæskit)
2138. Vaso para cepillos de dientes	- Toothbrush holder	- ('tuth‚brash 'joʊldər)
2139. Escalera	- Staircase	- ('ster‚keɪs)
2140. Cocina	- Kitchen	- ('kitshen)
2141. Dormitorio	- Bedroom	- ('bed‚rum)
2142. Jabón	- Soap	- (soʊp)
2143. Champú	- Shampoo	- (shæm'puː)
2144. Aparador	- Sideboard	- ('saɪd‚boːrd)
2145. Mesita auxiliar -	End table	- (end 'teɪbol)
2146. Sillón	- Armchair	- ('ɑrm‚sher)
2147. Baño	- Bathroom	- ('bæth‚rum)
2148. Estudio	- Study	- ('stadi)
2149. Despacho	- Office	- ('aːfɪs)
2150. Percha para toallas	- Towel rack	- ('tauəl ræk)
2151. Comedor	- Dining room	- ('daɪniŋ ‚rum)
2152. Espejo	- Mirror	- ('mɪrer)
2153. Edredón	- Duvet	- ('duːvei)
2154. Mesita de noche	- Nightstand	- ('nait‚stænd)

Español	Inglés Palabra	Pronunciación
2155. Lámpara de noche	- Bedside lamp	- (ˈbedsaɪd læmp)
2156. Armario	- Wardrobe	- (ˈwor͵droʊb)
2157. Perchero	- Coat rack	- (koʊt ræk)
2158. Espejo	- Mirror	- (ˈmɪrer)
2159. Cajones	- Drawers	- (droːrz)
2160. Lavandería	- Laundry room	- (ˈloːndri ͵rum)
2161. Cama	- Bed	- (bed)
2162. Almohada	- Pillow	- (ˈpɪloʊ)
2163. Persianas	- Blinds	- (blaɪndz)
2164. Aire acondicionado	- Air conditioning	- (er kendɪshenɪŋ)
2165. Calefacción	- Heating	- (ˈjiːtiŋ)
2166. Radiador	- Radiator	- (ˈreidieɪter)
2167. Despertador	- Alarm clock	- (eˈlɑːrm klak)
2168. Televisión	- Television	- (ˈtɛlɪ͵vɪshen)
2169. Teléfono	- Telephone	- (ˈtele͵foʊn)
2170. Cargador	- Charger	- (ˈshɑːrdyer)
2171. Suelo	- Soil	- (soil)
2172. Contaminación	- Pollution	- (pəˈluːshen)
2173. Reciclaje	- Recycling	- (͵riː-saɪkliŋ)
2174. Energía	- Energy	- (ˈenərdyi)
2175. Sábanas	- Sheets	- (shits)
2176. Colcha	- Bedspread	- (ˈbed͵spred)
2177. Sostenible	- Sustainable	- (sesˈteɪnebel)
2178. Conservación	- Conservation	- (͵kansərˈveishen)
2179. Biodiversidad	- Biodiversity	- (͵baɪoʊdaɪˈverseti)
2180. Especie	- Species	- (ˈspiːshiz)

Español	Inglés Palabra	Pronunciación
2181. Manta	- Blanket	- (ˈblæŋkit)
2182. Extinción	- Extinction	- (ɪkˈstɪŋkshen)
2183. Suelo	- Soil	- (soil)
2184. Contaminación	- Pollution	- (pəˈluːshen)
2185. Escritorio	- Desk	- (desk)
2186. Silla	- Chair	- (sheɾ)
2187. Ventana	- Window	- (ˈwu-ɪndoʊ)
2188. Cortina	- Curtain	- (ˈkeːrtn)
2189. Calentamiento global	- Global warming	- (ˈgloʊbal ˈwuoːrmiŋ)
2190. Cambio climático	- Climate change	- (ˈklaɪmet sheɪndch)
2191. Efecto invernadero	- Greenhouse effect	- (ˈgriːnjaʊs ɪˈfɛkt)
2192. Capa de ozono	- Ozone layer	- (ˈoʊzoʊn ˈleɪeɾ)
2193. Deforestación	- Deforestation	- (ˌdiːfoːrɪˈsteishen)
2194. Desertificación	- Desertification	- (dɪˌzeːrtɪfɪˈkeɪshen)
2195. Contaminante	- Pollutant	- (ˈpal.ɪʊ.tent)
2196. Control remoto	- Remote control	- (rɪˈmoʊt kənˈtroʊl)
2197. Reciclaje	- Recycling	- (ˌriːˈsaɪklɪŋ)
2198. Energía	- Energy	- (ˈenərdyi)
2199. Renovable	- Renewable	- (rɪˈnuːəbl)
2200. Sostenible	- Sustainable	- (səsˈteɪnəbel)
2201. Conservación	- Conservation	- (ˌkanserˈveɪshən)
2202. Biodiversidad	- Biodiversity	- (ˌbaɪoʊdai veːrseti)
2203. Especie	- Species	- (ˈspiːshiz)
2204. Extinción	- Extinction	- (ɪkˈstɪŋkshen)
2205. Reducir	- Reduce	- (rɪˈduːs)

2206. Reutilizar   - Reuse   - (ɾiːˈiuːz)
2207. Recuperar   - Recover   - (ɾiˈkaveɾ)
2208. Contaminar   - Pollute   - (peˈluːt)

Español	Inglés Palabra	Pronunciación
2209. Huella de carbono	- Carbon footprint	- (ˈkɑːrben ˈfutpɾɪnt)
2210. Energía renovable	- Renewable energy -	(ɾiˈnuːəbol ˈɛneɾdyi)
2211. Energía solar	- Solar energy	- (ˈsoʋler ˈeneɾdyi)
2212. Energía eólica	- Wind energy	- (wu-ɪnd ˈɛneɾdyi)
2213. Energía hidráulica	- Hydroelectric energy -	(ˌjaɪdroʋiˈlektɾɪk ˈeneɾdyi)
2214. Energía geotérmica	- Geothermal energy -	(ˌdyiːoʋˈtheːɾmɪk ˈɛneɾdyi)
2215. Rescatar	- Rescue	- (ˈreskiuː)
2216. Conservacionista	- Conservationist	- (ˌkanserˈveɪshənɪst)
2217. Residuos	- Waste	- (wu-eɪst)
2218. Basura	- Garbage	- (ˈgɑːrbɪdch)
2219. Plástico	- Plastic	- (ˈplæstɪk)
2220. Agricultura	- Agriculture	- (ˈægriˌkaltsheɾ)
2221. Ecología	- Ecology	- (ɪˈkaledyi)
2222. Conservar	- Conserve	- (kenˈseːɾv)
2223. Proteger	- Protect	- (preˈtekt)
2224. Cuidar	- Care	- (keɾ)
2225. Ecologista	- Environmentalist	- (ɪnˌvaɪrenˈmentelɪst)
2226. Contenedor	- Container	- (kenˈteɪneɾ)

Capitulo 14
Vocabulario más completo usado de diferentes bebidas y alimentos y nutrición

Español	Inglés Palabra	Pronunciación
2227. Ginebra	- Gin	- (dyɪn)
2228. Coñac	- Brandy	- ('brændi)
2229. Sidra	- Cider	- ('saɪder)
2230. Champán	- Champagne	- (shæm'pein)
2231. Licor	- Liqueur	- (lɪ'kiʊr)
2232. Cerveza	- Beer	- (bɪr)
2233. Vino	- Wine	- (wuaɪn)
2234. Whisky	- Whiskey	- ('wu-ɪski)
2235. Ron	- Rum	- (rʌm)
2236. Té	- Tea	- (tiː)
2237. Jugo	- Juice	- (yuːs)
2238. Refresco	- Soda	- ('soʊdə)
2239. Leche	- Milk	- (mɪlk)
2240. Chocolate caliente	- Hot chocolate	- (jat 'shakelət)
2241. Café helado	- Iced coffee	- (aɪst 'kafi)
2242. Jugo de naranja	- Orange juice	- ('oːrɪndch yuːs)
2243. Té de hierbas	- Herbal tea	- ('jɜːrbel tiː)
2244. Café	- Coffee	- ('kafi)
2245. Té	- Tea	- (tiː)
2246. Limonada	- Lemonade	- (ˌleme'neɪd)
2247. Té helado	- Iced tea	- (aɪst tiː)
2248. Vodka	- Vodka	- ('vadke)
2249. Chocolate	- Chocolate	- ('shɒkelət)

<table>
<tr><th>Español</th><th>Inglés Palabra</th><th>Pronunciación</th></tr>
<tr><td>2250. Café con leche</td><td>- Latte</td><td>- (ˈlɑːreɪ)</td></tr>
<tr><td>2251. Espresso</td><td>- Espresso</td><td>- (rˈsprɾsoʊ)</td></tr>
<tr><td>2252. Capuchino</td><td>- Cappuccino</td><td>- (ˌkæpʊˈtshiːnoʊ)</td></tr>
<tr><td>2253. Tequila</td><td>-</td><td>- (tɪˈkile)</td></tr>
<tr><td>2254. Agua</td><td>- Water</td><td>- (ˈwʊoːtər)</td></tr>
<tr><td>2255. Café</td><td>- Coffee</td><td>- (ˈkafi)</td></tr>
<tr><td>2256. Té verde</td><td>- Green tea</td><td>- (ɡrin tiː)</td></tr>
<tr><td>2257. Café cortado</td><td>- Macchiato</td><td>- (məˈkɪˌɑːtoʊ)</td></tr>
<tr><td>2258. Té helado dulce</td><td>- Sweet tea</td><td>- (suiːt tiː)</td></tr>
<tr><td>2259. Té helado sin azúcar</td><td>- Unsweetened tea</td><td>- (ˌanˈsuiːtend tiː)</td></tr>
<tr><td>2260. Café con crema</td><td>- Coffee with cream</td><td>- (ˈkafi wɪth kriːm)</td></tr>
<tr><td>2261. Té negro</td><td>- Black tea</td><td>- (blæk tiː)</td></tr>
<tr><td>2262. Té chai</td><td>- Chai tea</td><td>- (shaɪ tiː)</td></tr>
<tr><td>2263. Chocolate caliente</td><td>- Hot chocolate</td><td>- (jat ˈtshakelet)</td></tr>
<tr><td>2264. Chocolate blanco</td><td>- White chocolate</td><td>- (wua-ɪt ˈtshakelet)</td></tr>
<tr><td>2265. Chocolate con leche</td><td>- Milk chocolate</td><td>- (mɪlk ˈtʃɒklət)</td></tr>
<tr><td>2266. Chocolate negro</td><td>- Dark chocolate</td><td>- (dɑːrk ˈtshakelet)</td></tr>
<tr><td>2267. Refresco</td><td>- Soda</td><td>- (ˈsoʊdə)</td></tr>
<tr><td>2268. Cerveza</td><td>- Beer</td><td>- (bɪr)</td></tr>
<tr><td>2269. Vino</td><td>- Wine</td><td>- (wu-aɪn)</td></tr>
<tr><td>2270. Whisky</td><td>- Whiskey</td><td>- (ˈwu-ɪski)</td></tr>
<tr><td>2271. Ron</td><td>- Rum</td><td>- (ram)</td></tr>
<tr><td>2272. Vodka</td><td>- Vodka</td><td>- (ˈvadke)</td></tr>
<tr><td>2273. Café</td><td>- Coffee</td><td>- (ˈkafi)</td></tr>
</table>

Español	Inglés Palabra	Pronunciación
2274. Té	- Tea	- (tiː)
2275. Leche	- Milk	- (mɪlk)
2276. Jugo	- Juice	- (yuːs)
2277. Agua mineral	- Mineral water	- ('mɪnerel 'wuorər)
2278. Café con hielo	- Iced coffee	- (aist 'kafi)
2279. Té de frutas	- Fruit tea	- (fruːt tiː)
2280. Té de hierbas	- Herbal tea	- ('jeːrbel tiː)
2281. Té de manzanilla	- Chamomile tea	- ('kæme mail tiː)
2282. Té helado	- Iced tea	- (aɪst tiː)
2283. Café descafeinado	- Decaf coffee	- (diˈkæf 'kafi)
2284. Café americano	- Americano	- (e ˌmɛrɪ ka:nou)
2285. Agua	- Water	- ('wuoːter)
2286. Pastel	- Cake	- (keɪk)
2287. Helado	- Ice cream	- (aɪs krim)
2288. Caramelo	- Candy	- ('kændi)
2289. Galleta	- Cookie	- ('kuki)
2290. Churro	- Churro	- ('sharou)
2291. Donut	- Donut	- ('dou ˌnat)
2292. Barra de chocolate	- Chocolate bar	- ('shakelet bɑːr)
2293. Muffin	- Muffin	- ('mafin)
2294. Bomba de crema	- Cream puff	- (kriːm paf)
2295. Carne	- Meat	- (miːt)
2296. Pollo	- Chicken	- (shɪkin)
2297. Ternera	- Beef	- (biːf)
2298. Malvavisco	- Marshmallow	- ('mɑːrsh ˌmælou)
2299. Caramelo blando	- Toffee	- ('tafi)

Español	Inglés Palabra	Pronunciación
2300. Piruleta	- Lollipop	- (ˈlalɪˌpap)
2301. Almendra confitada	- Jordan almonds	- (ˈyorːrden ˈɑːmends)
2302. Chocolate blanco	- White chocolate	- (wu-aɪt ˈshakelət)
2303. Gomita	- Gummy candy	- (ˈgami ˈkændi)
2304. Bombón	- Bonbon	- (ˈbanban)
2305. Salmón	- Salmon -	(ˈsæmən)
2306. Atún -	Tuna -	(ˈtuːne)
2307. Turrón	- Nougat	- (ˈnuːget)
2308. Té helado	- Iced tea	- (aɪst tiː)
2309. Chocolate caliente	- Hot chocolate	- (jɒt ˈshakelet)
2310. Cerdo	- Pork	- (poːrk)
2311. Pescado -	Fish -	(fish)
2312. Sidra	- Cider	- (ˈsaɪder)
2313. Té de hierbas	- Herbal tea	- (ˈheːrbel tiː)
2314. Cordero	- Lamb	- (læm)
2315. Flan	- Flan	- (flæn)
2316. Gaseosa	- Soft drink	- (saft drɪŋk)
2317. Trucha	- Trout -	(traut)
2318. Queso crema	Cream cheese	- (kriːm shiːz)
2319. Leche condensada	- Condensed milk	- (kenˈdensed mɪlk)
2320. Leche evaporada	- Evaporated milk	- (iˈvæpereɪtid mɪlk)
2321. Parmesano	- Parmesan	- (ˌpɑːrmɪˈzaːnoʊ)
2322. Café helado	- Iced coffee	- (aɪst ˈkafi)
2323. Chicle	- Gum	- (gam)

Español	Inglés Palabra	Pronunciación
2324. Limonada	- Lemonade	- (ˌlemeˈneɪd)
2325. Brie	- Brie	- (bri)
2326. Pechuga de pollo	- Chicken breast	- (shɪkɪn brɛst)
2327. Filete	- Steak	- (steik)
2328. Salmón a la parrilla	- Grilled salmon	- (grɪld ˈsæmən)
2329. Sopa de pescado	- Fish soup	- (fish sup)
2330. Zumo	- Juice	- (yuːs)
2331. Batido	- Milkshake	- (ˈmɪlksheɪk)
2332. Pastel de carne	- Meat pie	- (mit paɪ)
2333. Ensalada de atún	- Tuna salad	- (ˈtuːnə ˈsæled)
2334. Leche	- Milk	- (milk)
2335. Yogur	- Yogurt	- (ˈyuoʊgert)
2336. Mantequilla	- Butter	- (ˈbatər)
2337. Crema	- Cream	- (kriːm)
2338. Helado	- Ice cream	- (ais krim)
2339. Pavo	- Turkey	- (ˈteːrki)
2340. Jamón	- Ham	- (jæm)
2341. Ensalada de pollo	- Chicken salad	- (ˈshɪkɪn ˈsæləd)
2342. Pizza de pepperoni	- Pepperoni pizza	- (ˌpepeˈroʊni ˈpiːtse)
2343. Tarta de queso	- Cheesecake	- (ˈshiːzkeɪk)
2344. Queso	- Cheese	- (shiːz)
2345. Mozzarella	- Mozzarella	- (ˌmatsəˈrele)
2346. Salami	- Salami	- (seˈlɑːmi)
2347. Hamburguesa	- Hamburger	- (ˈhæmbeːrger)
2348. Hot dog	- Hot dog	- (jat dag)
2349. Albóndiga	- Meatball	- (ˈmiːtˌboːl)
2350. Huevos	- Eggs	- (egz)
2351. Tortilla	- Omelette	- (ˈamlət)
2352. Tocino	- Bacon	- (ˈbeɪken)

| 2353. Cheddar | - Cheddar | - (shedər) |

Español	**Inglés Palabra**	**Pronunciación**
2354. Salchicha	- Sausage	- (ˈsasɪdch)
2355. Chuleta -	Chop	- (shap)
2356. Empanada	- Empanada	- (emˌpæˈnɑːde)
2357. Cheesesteak	- Cheesesteak	- (ˈshiːzsteik)
2358. Filete de salmón	- Salmon fillet	- (ˈsæmən ˈfɪlit)
2359. Minerales	- Minerals	- (ˈmɪnerelz)
2360. Agua	- Water	- (ˈwuoːrər)
2361. Calorías	- Calories	- (ˈkæleriz)
2362. Nutricionista	- Nutritionist	- (nuˈtrɪshənist)
2363. Saludable	- Healthy	- (ˈjelthi)
2364. Lasagna	- Lasagna	- (ləˈzaːnie)
2365. Nutrición	- Nutrition	- (nuˈtrɪshən)
2366. Alimento	- Food	- (fuːd)
2367. Dieta	- Diet	- (ˈdaɪet)
2368. Nutriente	- Nutrient	- (ˈnuːtrient)
2369. Proteína	- Protein	- (ˈproutiːn)
2370. Grasa	- Fat	- (fæt)
2371. Hierro	- Iron	- (ˈaɪrɔrn)
2372. Potasio	- Potassium	- (pəˈtæsiəm)
2373. Zinc	- Zinc -	(zɪŋk)
2374. Vitamina C	- Vitamin C	- (ˈvɪremɪn siː)
2375. Vitamina D	- Vitamin D	- (ˈvɪremɪn diː)
2376. Vitamina A	- Vitamin A	- (ˈvɪremɪn eɪ)

Español	Inglés Palabra	Pronunciación
2377. Vitamina E	- Vitamin E	- (ˈvɪremɪn iː)
2378. Vitamina B	- Vitamin B	- (ˈvɪremɪn biː)
2379. Vitamina K	- Vitamin K	- (ˈvɪrəmɪn keɪ)
2380. Frutas	- Fruits	- (fruts)
2381. Nuez	- Nut	- (nat)
2382. Leche	- Milk	- (milk)
2383. Huevos	- Eggs	- (egz)
2384. Pescado	- Fish	- (fɪsh)
2385. Carne	- Meat	- (miːt)
2386. Pollo	- Chicken	- (ˈshɪkɪn)
2387. Aceite	- Oil	- (oɪl)
2388. Azúcar	- Sugar	- (ˈshugər)
2389. Carbohidratos	- Carbohydrates	- (ˌkɑːrboʊjaɪdreɪts)
2390. Fibra	- Fiber	- (ˈfaɪber)
2391. Vitaminas	- Vitamins	- (ˈvɪrəmɪnz)
2392. Alimentos procesados	- Processed foods	- (ˈpreusest fuːdz)
2393. Alimentos naturales	- Whole foods	- (joʊl fuːdz)
2394. Alimentos orgánicos	- Organic foods	- (orˈgænik fuːdz)
2395. Nutrición balanceada	- Balanced nutrition	- (ˈbælenst nuˈtrɪshen)
2396. Panadería	- Bakery	- (ˈbeɪkeri)
2397. Panecillo	- Roll	- (roul)
2398. Baguette	- Baguette	- (bæˈget)
2399. Pan integral	- Whole wheat bread	- (joʊl wu-it bred)
2400. Muffin	- Muffin	- (ˈmafɪn)
2401. Dona	- Donut	- (ˈdounat)
2402. Pan de centeno	- Rye bread	- (rai bred)
2403. Pan	- Bread	- (bred)
2404. Pastel	- Cake	- (keik)

Español	Inglés Palabra	Pronunciación
2405. Galleta	- Cookie	- ('kuki)
2406. Bollo	- Bun	- (ban)
2407. Equilibrado	- Balanced	- ('bælenst)
2408. Dieta balanceada	- Balanced diet	- ('bælenst 'daɪet)
2409. Suplemento	- Supplement	- ('saplɪment)
2410. Calcio	- Calcium	- ('kælsiem)
2411. Verduras	- Vegetables	- ('vedyetebelz)
2412. Cereales	- Cereals	- ('sɪrielz)
2413. Legumbres	- Legumes	- ('legiu:mz)
2414. Sal	- Salt	- (so:lt)
2415. Hidratación	- Hydration	- (jaɪ'dreɪshən)
2416. Cúrcuma	- Turmeric	- ('te:rmerɪk)
2417. Pimienta	- Pepper	- ('pɛper)
2418. Salvia	- Sage	- (seɪch)
2419. Comino	- Cumin	- ('kiu:mɪn)
2420. Clavo de olor	- Clove	- (klouv)
2421. Nuez moscada	- Nutmeg	- ('natmeg)
2422. Pimentón	- Paprika	- (pə'pri:ke)
2423. Anís	- Anise	- ('ænis)
2424. Canela	- Cinnamon	- ('sɪnemen)
2425. Cardamomo	- Cardamom	- ('kɑ:rdemem)
2426. Curry	- Curry	- ('kari)
2427. Azafrán	- Saffron	- ('sæfren)
2428. . Mostaza	- Mustard	- ('masterd)
2429. Estragón	- Tarragon	- ('tæregen)
2430. Hinojo	- Fennel	- ('fenel)
2431. Romero	- Marjoram	- ('mayərem)

Español	Inglés Palabra	Pronunciación
2432. 2401. Ajedrea	- Savory	- (ˈseɪvəri)
2433. 2402. Huevos	- Eggs	- (ɛgz)
2434. 2403. Tortilla	- Tortilla	- (tɔrˈtiːjə)
2435. Huevos Revueltos	- Scrambled Egg	- (ˈskræmbeld eg)
2436. Frito	- Fried	- (fraid)
2437. Cocido	- Boiled	- (boɪld)
2438. Pasado por agua	- Soft-boiled	- (saft boɪld)
2439. Roto	- Sunny-side-up	- (ˈsani saɪd ap)
2440. Omelette	- Omelette	- (ˈamelet)
2441. Huevo duro	- Hard-boiled	- (jard boɪld)
2442. Frittata	- Frittata	- (friˈtɑːte)

Capítulo 15

Vocabulario más usado de deportes en general

Español	Inglés Palabra	Pronunciación
2443. Natación	- Swimming	- (ˈsuɪmiŋ)
2444. Atletismo	- Track and Field	- (træk end fild)
2445. Ciclismo	- Cycling	- (ˈsaɪkliŋ)
2446. Boxeo	- Boxing	- (ˈbaksiŋ)
2447. Fútbol	- Soccer/Football	- (ˈsakər/ˈfutboːl)
2448. Patinaje	- Skating	- (ˈskeɪtiŋ)
2449. Esquí	- Skiing	- (ˈskiiŋ)
2450. Snowboarding	- Snowboarding	- (ˈsnouˌboːrdiŋ)
2451. Gimnasia	- Gymnastics	- (deɪmˈnæstiks)
2452. Carreras de autos	- Car racing	- (kar ˈreɪsiŋ)
2453. Rugby	- Rugby	- (ˈragbi)
2454. Lucha libre	- Wrestling	- (ˈresliŋ)
2455. Hockey	- Hockey	- (ˈhaiki)
2456. Balonmano	- Handball	- (ˈjændˌboːl)
2457. Surf	- Surfing	- (ˈseːrfiŋ)
2458. Escalada	- Climbing	- (ˈklaimiŋ)
2459. Bádminton	- Badminton	- (ˈbædminten)
2460. Baloncesto	- Basketball	- (ˈbæskɪtbol)
2461. Tenis	- Tennis	- (ˈtenɪs)
2462. Béisbol	- Baseball	- (ˈbeɪsboːl)
2463. Voleibol	- Volleyball	- (ˈvɑːlibol)
2464. Golf	- Golf	- (galf)
2465. Squash	- Squash	- (skuash)

<table>
<tr><th>Español</th><th>Inglés Palabra</th><th>Pronunciación</th></tr>
<tr><td>2466. Canotaje</td><td>- Canoeing</td><td>- (keˈnuiŋ)</td></tr>
<tr><td>2467. Arquería</td><td>- Archery</td><td>- (ˈɑːrtsheri)</td></tr>
<tr><td>2468. Tiro con arco</td><td>- Shooting</td><td>- (ˈshutiŋ)</td></tr>
<tr><td>2469. Levantamiento de pesas</td><td>- Weightlifting</td><td>- (ˈweitlɪftiŋ)</td></tr>
<tr><td>2470. Billar</td><td>- Billiards</td><td>- (ˈbɪlierdz)</td></tr>
<tr><td>2471. Polo</td><td>- Polo</td><td>- (ˈpoulou)</td></tr>
<tr><td>2472. Jugador</td><td>- Player</td><td>- (ˈpleɪer)</td></tr>
<tr><td>2473. Centrocampista</td><td>- Midfielder</td><td>- (ˈmidˌfilder)</td></tr>
<tr><td>2474. Delantero</td><td>- Forward</td><td>- (ˈforwu-erd)</td></tr>
<tr><td>2475. Árbitro</td><td>- Referee</td><td>- (ˌrefeˈri)</td></tr>
<tr><td>2476. Gol</td><td>- Goal</td><td>- (goul)</td></tr>
<tr><td>2477. Portero</td><td>- Goalkeeper</td><td>- (ˈgoulˌkiːper)</td></tr>
<tr><td>2478. Penalti</td><td>- Penalty kick</td><td>- (ˈpenelti kik)</td></tr>
<tr><td>2479. Campeonato</td><td>- Championship</td><td>- (ˈshæmpienshɪp)</td></tr>
<tr><td>2480. Marcar un gol</td><td>- Score a goal</td><td>- (skor e goul)</td></tr>
<tr><td>2481. Bicicleta</td><td>- Bicycle</td><td>- (ˈbaɪsɪkol)</td></tr>
<tr><td>2482. Rueda</td><td>- Wheel</td><td>- (wu-il)</td></tr>
<tr><td>2483. Manillar</td><td>- Handlebar</td><td>- (ˈjændelbaːr)</td></tr>
<tr><td>2484. Pedal</td><td>- Pedal</td><td>- (ˈpedel)</td></tr>
<tr><td>2485. Cadena</td><td>- Chain</td><td>- (shein)</td></tr>
<tr><td>2486. Liga</td><td>- League</td><td>- (lig)</td></tr>
<tr><td>2487. Copa</td><td>- Cup</td><td>- (kap)</td></tr>
<tr><td>2488. Defensa</td><td>- Defender</td><td>- (dɪˈfɛnder)</td></tr>
<tr><td>2489. Tarjeta roja</td><td>- Red card</td><td>- (red ˌkard)</td></tr>
<tr><td>2490. Fuera de juego</td><td>- Offside</td><td>- (ˈofsaɪd)</td></tr>
<tr><td>2491. Saque de esquina</td><td>- Corner kick</td><td>- (ˈkorner kɪk)</td></tr>
<tr><td>2492. Saque de meta</td><td>- Goal kick</td><td>- (goul kɪk)</td></tr>
</table>

Español	Inglés Palabra	Pronunciación
2493. Tiro libre	- Free kick	- (fri: kɪk)
2494. Tarjeta amarilla	- Yellow card	- ('jɛloʊ ˌkɑrd)
2495. Equipo	- Team	- (ti:m)
2496. Partido	- Match/Game	- (mætʃ/geɪm)
2497. Estadio	- Stadium	- ('steɪdiem)
2498. Aficionado	- Fan	- (fæn)
2499. Entrenador	- Coach	- (koʊtch)
2500. Capitán	- Captain	- ('kæpten)
2501. Cuadro	- Frame	- (freim)
2502. Freno	- Brake	- (breik)
2503. Carril bici	- Bike lane	- (baɪk leɪn)
2504. Pelota	- Ball	- (bo:l)
2505. Aro	- Hoop	- (ju:p)
2506. Tablero	- Backboard	- ('bæk ˌbo:rd)
2507. Pase	- Pass	- (pæs)
2508. Tiro	- Shot	- (shat)
2509. Rebote	- Rebound	- ('ri:baund)
2510. Triple	- Three-pointer	- (thri: 'poɪnter)
2511. Defensa	- Defense	- (dɪ'fɛns)
2512. Ataque	- Offense	- ('afɛns)
2513. Bicicleta de montaña	- Mountain bike	- ('maunten baɪk)
2514. Bicicleta de carretera	- Road bike	- (roud baɪk)
2515. Bicicleta eléctrica	- Electric bike	- (ɪ'lektrɪk baɪk)
2516. Árbitro	- Referee	- (ˌrɛfe'ri)
2517. Foul	- Foul	- (faul)
2518. Tiempo	- Time	- (taim)

Español	Inglés Palabra	Pronunciación
2519. Marcador	- Scoreboard	- (ˈskoːrˌbord)
2520. Partido	- Game	- (geɪm)
2521. Campeonato	- Championship	- (ˈtshæmpienˌshɪp)
2522. Soccer/Football	- Fútbol	- (ˈsakər / ˈfutˌbol)
2523. Basketball	- Baloncesto	- (ˈbæskɪtˌbol)
2524. Bomba de aire	- Air pump	- (er pʌmp)
2525. Candado	- Lock	- (lak)
2526. Baloncesto	- Basketball	- (ˈbæsketˌbɔːl)
2527. Cambio	- Gear	- (gɪr)
2528. Neumático	- Tire	- (taɪer)
2529. Sillín	- Saddle	- (ˈsædl)
2530. Casco	- Helmet	- (ˈjelmit)
2531. Luces	- Lights	- (laɪts)
2532. Ciclista	- Cyclist	- (ˈsaɪklist)
2533. Canasta	- Basket	- (ˈbæskɪt)
2534. Jugador	- Player	- (ˈpleɪer)
2535. Equipo	- Team	- (tim)
2536. Entrenador	- Coach	- (koutch)
2537. Tenis	- Tennis	- (ˈtenis)
2538. Béisbol	Baseball	- - (ˈbeɪsˌbol)
2539. Golf	- Golf	- (galf)
2540. Natación	Swimming	- (ˈsuimiŋ)
2541. Atletismo	Athletics -	- (æthletɪks)
2542. Voleibol	Volleyball	- - (ˈvalibol)
2543. Rugby	- Rugby	- (ˈragbi)
2544. Cricket	- Críquet	- (ˈkrɪkit)
2545. Hockey	- Hockey	- (ˈjaki)

Español	Inglés Palabra	Pronunciación

2546. Tenis de mesa - Table Tennis/Ping Pong - (ˈteɪbl ˈtɛnɪs / pɪŋ paŋ)

2547. Boxeo	- Boxing	- - (ˈbaksiŋ)
2548. Lucha libre	- Wrestling	- (ˈresliŋ)
2549. Badminton	- Bádminton	- (ˈbædmɪnten)
2550. Danza	- Ballet	- (ˈbæleɪ)
2551. Salsa	- Salsa	- (ˈsælse)
2552. Tango	- Tango	- (ˈtæŋgou)

2553. Rumba	- Rumba	- (ˈrambe)
2554. Swing	- Swing	- (suɪŋ)
2555. Belly dance	- Danza del vientre	- (ˈbeli dæns)
2556. Tap dance	- Tap dance	- (tæp dæns)
2557. Ice Hockey	- Hockey sobre hielo	- (aɪs ˈjaki)
2558. Skiing	- Esquí	- (ˈeskiɪŋ)

2559. Flamenco	- Flamenco	- (fleˈmeŋkoʊ)
2560. Hip-hop	- Hip-hop	- (ˈjip ˌjap)
2561. Breakdance	- Breakdance	- (ˈbreɪk ˌdæns)
2562. Cha-cha-cha	- Cha-cha-cha	- (shɑ: sha: shɑ:)

2563. Merengue	- Merengue	(məˈrɛŋgeɪ)
2564. Samba	- Samba	- (ˈsɑːmbə)

2565. Vals -	Waltz	- (woːlts)
2566. Snowboarding	- Snowboard	- (ˈsnoʊˌboːrdɪŋ)
2567. Ciclismo	- Cycli	- (ˈsaɪkliŋ)
2568. Gimnasia	- Gymnastics	- - (yɪmˈnæstiks)
2569. Baile	- Dance	- (dæns)

Español	Inglés Palabra	Pronunciación
2570. Danza irlandesa -	Irish step dance	- - ('aɪrɪsh stɛp dæns)
2571. Baile de salón -	Ballroom dance	- - ('boːlruːm dæns)
2572. Jazz dance	- Danza jazz	- yaæz dæns)
2573. Danza Bollywood	- Bollywood dance	- - ('baliwʊd dæns)
2574. Musculación	- Bodybuilding	- ('badi̗bildɪŋ)
2575. Pesas	- Weights -	(wu-eɪts)
2576. Mancuernas	- Dumbbells	- ('dam̗bɛlz)
2577. Barra	- Barbell	- ('bar̗-bɛl)
2578. Rutina	- Routine	- (rutiːn)
2579. Serie	- Set	- (set)
2580. Levantar pesas	- Weightlifting	- ('wu-eɪt̗liftiŋ)
2581. Grasa	- Fat	- (fæt)
2582. Hidratación	- Hydration	- (jaɪ'dreɪshen)
2583. Recuperación	- Recovery	- (rɪ'kavəri)
2584. Desarrollo muscular	- Muscle development	- ('masel dɪ'velepmənt)
2585. Fuerza	- Strength	- (strɛŋth)
2586. Resistencia	- Endurance	- (ɪn'diʊrens)
2587. Flexibilidad	- Flexibility	- (̗flɛkse'bilɪti)
2588. Descanso	- Rest	- (rest)
2589. Calentamiento	- Warm-up	- (worm ap)
2590. Estiramiento	- Stretching	- ('strɛshɪŋ)
2591. Entrenador	- Trainer	- ('treɪner)
2592. Dieta	- Diet	- ('daɪet)
2593. Proteína	- Protein	- ('proutiːn)
2594. Suplemento	- Supplement	- ('sapliment)
2595. Banco de pesas	- Weight bench	- (wu-eɪt bench)
2596. Ejercicio	- Exercise	- ('ekser-saiz)

2597. Entrenamiento		- Training		- (ˈtreɪnɪŋ)
2598. Repetición/Rep		- Repetition/Rep		- (ˌrɛpeˈtɪshen / rɛp)

Capítulo 16
Todo el vocabulario mixto de hospital salud y enfermedad más usado en inglés

Español	Inglés Palabra	Pronunciación
2600. Cansado	- Tired	- (ˈtaɪerd)
2601. Fatiga	- Fatigue	- (feˈtiːg)
2602. Descanso	- Rest	- (rɛst)
2603. Relajarse	- Relax	- (rɪˈlæks)
2604. Dormir	- Sleep	- (sliːp)
2605. Cama	- Bed	- (bɛd)
2606. Almohada	- Pillow	- (ˈpɪlou)
2607. Cansancio	- Tiredness	- (ˈtaɪerd.nɪs)
2608. Estresado	- Stressed	- (strɛst)
2609. Tranquilo	- Calm	- (kam)
2610. Pesadilla	- Nightmare	- (ˈnaɪtˌmer)
2611. Bostezar	- Yawn	- (yon)
2612. Colchón	- Mattress	- (ˈmætres)
2613. Adormilarse	- Doze off	- (douz of)
2614. Agotado	- Exhausted	- (ɪgˈzos.tid)
2615. Sueño profundo	- Deep sleep	- (dip esliːp)
2616. Dormitorio	- Bedroom	- (ˈbedˌrum)
2617. Relajante	- Relaxing	- (rɪˈlæk.sɪŋ)
2618. Arrogancia	- Arrogance	- (ˈæregens)
2619. Impaciencia	- Impatience	- (ɪmˈpeɪshens)
2620. Negligencia	- Negligence	- (ˈnɛglɪdyens)
2621. Insomne	- Insomniac	- (ɪnˈsam.ni.æk)

2622. Recuperar energías - Recharge - (ri'shardch)
2623. Egoísmo - Selfishness - ('selfishnes)
2624. Despertar - Wake up - (wu-eik ap)
2625. Sueño - Dream - (dri:m)

Español	Inglés Palabra	Pronunciación
2626. Siesta	- Nap	- (næp)
2627. Insomnio	- Insomnia	- (in'sam.ni.e)
2628. Relajación	- Relaxation	- (ˌrelæk'seishen)
2629. Enojo	- Anger	- ('æŋger)
2630. Orgullo	- Pride	- (praid)
2631. Envidia	- Envy	- ('envi)
2632. Irresponsabilidad	- Irresponsibility	- (ˌiriˌspanse-biliti)
2633. Mentira	- Lie	- (lai)
2634. Crueldad	- Cruelty	- ('kru:elti)
2635. Psicología	- Psychology	- (sai'kaledyi)
2636. Pensamiento	- Thought	- (thout)
2637. Personalidad	- Personality	- (ˌperse'næleti)
2638. Motivación	- Motivation	- (ˌmouti'veishen)
2639. Comportamiento	- Behavior	- (bi'heivier)
2640. Cognición	- Cognition	- (kag'nishen)
2641. Percepción	- Perception	- (per'sɛpshen)
2642. Inteligencia	- Intelligence	- (in'telidyens)
2643. Aprendizaje	- Learning	- ('lerniŋ)
2644. Memoria	- Memory	- ('memeri)
2645. Autoestima	- Self-esteem	- (self-estim)
2646. Ansiedad	- Anxiety	- (æŋ'zaieti)
2647. Depresión	- Depression	- (di'preshen)
2648. Mente	- Mind	- (maind)
2649. Intolerancia	- Intolerance	- (in'talerens)
2650. Estrés	- Stress	- (stres)

2651. Terapia   - Therapy   - ('therepi)
2652. Trauma   - Trauma   - ('troume)

Español	**Inglés Palabra**	**Pronunciación**
2653. Conducta	- Conduct	- ('kandakt)
2654. Observación	- Observation	- (ˌabzer'veɪshen)
2655. Desarrollo	- Development	- (dɪ'vɛlepment)
2656. Trastorno	- Disorder	- (dɪsoːrder)
2657. Terapeuta	- Therapist	- ('thɛrepist)
2658. Codicia	- Greed	- (grid)
2659. Indiferencia	- Indifference	- (ɪn'dɪfrens)
2660. Egocentrismo	- Egocentrism	- (ˌiːgou'sentrɪzem)
2661. Vanidad	- Vanity	- ('væniti)
2662. Malicia	- Malice	- ('mælis)
2663. Emoción	- Emotion	- (ɪ'moʊshen)
2664. Hospital	- Hospital	- ('jaspɪtol)
2665. Paciente	- Patient	- ('peishent)
2666. Medicamento	- Medication	- (ˌmɛdɪ'keɪshen)
2667. Tratamiento	- Treatment	- ('triːtment)
2668. Síntoma	- Symptom	- ('simptem)
2669. Diagnóstico	- Diagnosis	- (ˌdaɪeg'noʊsis)
2670. Recuperación	- Recovery	- (rɪ'kaveri)
2671. Vacuna	- Vaccine	- ('vækˌ-sin)
2672. Socialización	- Socialization	- (ˌsoʊshelaɪ-zeɪshen)
2673. Autoconocimiento	- Self-awareness	- (sɛlf e'wu-erˌnes)
2674. Salud	- Health	- (jɛlth)
2675. Enfermedad	- Illness	- ('ilnes)
2676. Médico	- Doctor	- ('daːkter)
2677. Prevención	- Prevention	- (prɪ'vɛnshen)

2678. Radiografía   - X-ray   - (ˈeksreɪ)

| | | |
| **Español** | **Inglés Palabra** | **Pronunciación** |

2679. Tomografía   - Tomography   - (teˈmɑːgrefi)
2680. Cirugía   - Surgery   - (ˈseryeri)
2681. Terapia   - Therapy   - (ˈthɛrepi)
2682. Consulta médica   - Medical consultation   - (ˈmɛdɪkel
       ˌkanselˈteɪshen)
2683. Nutrición   - Nutrition   - (nuˈtrɪshen)

2684. Ejercicio   - Exercise   - (ˈɛkserˌsaɪz)
2685. Contagio   - Contagion   - (kenˈteɪdshen)
2686. Epidemia   - Epidemic   - (ˌɛpiˈdɛmɪk)
2687. Pandemia   - Pandemic   - (pænˈdemɪk)
2688. Infección   - Infection   - (ɪnˈfɛkshen)

2689. Seguro médico   - Health insurance   - (hɛlth ˈɪnsherrns)
2690. Atención médica   - Medical care   - (ˈmɛdɪkel ker)
2691. Ambulancia   - Ambulance   - (ˈæmbielens)
2692. Primeros auxilios   - First aid   - (ferst eid)
2693. Saludable   - Healthy   - (ˈhelth)
2694. Enfermo   - Sick   - (sik)

2695. Virus   - Virus   - (ˈvaires)
2696. Bacteria   - Bacteria   - (bækˈtirie)
2697. Cura   - Cure   - (kiur)
2698. Enfermera   - Nurse   - (ners)
2699. Obesidad   - Obesity   - (ouˈbiːsiti)

2700. Colesterol   - Cholesterol   - (kəˈlesteral)
2701. Asma   - Asthma   - (ˈæzme)
2702. Resfriado   - Cold   - (kould)

2703. Gripe   - Flu   - (fluː)
2704. Tos   - Cough   - (kaf)

Español	Inglés Palabra	Pronunciación
2705. Dolor	- Pain	- (pein)
2706. Analgésico	- Analgesic	- (ˌænelˈyiːzɪk)
2707. Antiséptico	- Antiseptic	- (ænˈtɪseptik)
2708. Receta médica	- Prescription	- (prɪˈskrɪpshen)
2709. Pastilla	- Pill	- (pɪl)
2710. Jarabe	- Syrup	- (sɪɾep)
2711. Inyección	- Injection	- (ɪnˈyɛkshen)
2712. Quimioterapia	- Chemotherapy	- (ˌkɛmou therepi)
2713. Terapeuta	- Therapist	- (ˈthɛrepist)
2714. Termómetro	- Thermometer	- (therˈmamiɾer)
2715. Epidemia	- Outbreak	- (ˈaʊtbreik)
2716. Sanar	- Heal	- (jiːl)
2717. Alergia	- Allergy	- (ˈælerdyi)
2718. Rehabilitación	- Rehabilitation	- (ˌriːebɪlɪˈteɪshen)
2719. Salud mental	- Mental health	- (ˈmentel̩ jɛlth)
2720. Enfermedad crónica	- Chronic disease	- (ˈkranik dɪziz)
2721. Tratamiento médico	- Medical treatment	- (ˈmedɪkel ˈtriːtment)
2722. Presión arterial	- Blood pressure	- (blad ˈpresher)
2723. Ritmo cardíaco	- Heart rate	- (jɑrt reit)
2724. Diabetes	- Diabetes	- (ˌdaieˈbiːtiːz)
2725. Mareo	- Dizziness	- (ˈdɪznis)
2726. Insomnio	- Insomnia	- (ɪnˈsamnie)

Español	Inglés Palabra	Pronunciación
2727. Fiebre	- Fever	- (ˈfiːver)
2728. Cáncer	- Cancer	- (ˈkænser)
2729. Medicina	- Medicine	- (ˈmedesen)

Español	Inglés Palabra	Pronunciación
2730. Vacunación	- Vaccination	- (ˌvækiuˈneɪshen)
2731. Inmunidad	- Immunity	- (ɪˈmjuːniti)
2732. Contagiar	- Contagiate	- (kenˈteɪdyeit)
2733. Respiración	- Breathing	- (ˈbriːdɪŋ)
2734. Transplante	- Transplant	- (trænsˈplænt)
2735. Cirugía plástica	- Plastic surgery	- (ˈplæstik ˈseːrdyeri)
2736. Radioterapia	- Radiotherapy	- (ˌreɪdiouˈthɛrepi)
2737. Medicina alternativa	- Alternative medicine	- (olˈteːrnetɪv ˈmɛdesen)
2738. Medicina natural	- Natural medicine	- (ˈnætsherel ˈmɛdesən)
2739. Autocuidado	- Self-care	- (sɛlf keer)
2740. Enfermedad contagiosa	- Contagious disease	- (kenˈteɪdyəs dɪˈziːz)
2741. Cuidados intensivos	- Intensive care	- (ɪnˈtɛnsɪv kɛr)
2742. Control de peso	- Weight control	- (wu-eɪt kenˈtroʊl)
2743. Examen médico	- Medical examination	- (ˈmɛdɪkel ɪgˌzæməˈneɪshen)
2744. Terapia de pareja	- Couples therapy	- (ˈkapəlz ˈthɛrepi)
2745. Terapia de grupo	- Group therapy	- (gruːp ˈthɛrepi)
2746. Discapacidad	- Disability	- (dɪseˈbɪleti)
2747. Cuidados paliativos	- Palliative care	- (ˈpælietɪv kɛr)
2748. Transfusión	- Transfusion	- (trænsˈfiuːyən)
2749. Cuarentena	- Quarantine	- (ˈkuoːrdntiːn)

2750. Seguro de salud   - Health insurance   - (jɛlth ɪnˈshurens)
2751. Desinfectante   - Disinfectant   - (ˌdɪsɪnˈfektent)
2752. Medicina preventiva   - Preventive medicine   - (prɪˈventiv ˈmedesen)

Español	**Inglés Palabra**	**Pronunciación**
2753. Tos	- Cough	- (kaf)
2754. Ciencia	- Science	- (ˈsaiens)
2755. Biología	- Biology	- (baɪˈaledyi)
2756. Química	- Chemistry	- (ˈkemɪstri)
2757. Física	- Physics	- (ˈfɪziks)
2758. Matemáticas	- Mathematics	- (ˌmætheˈmætɪks)
2759. Dolor de espalda	- Back pain	- (bæk peɪn)
2760. Mareo	- Dizziness	- (ˈdɪzɪnes)
2761. Náuseas	- Nausea	- (ˈnoːzie)
2762. Insomnio	- Insomnia	- (ɪnˈsamnie)
2763. Fiebre	- Fever	- (ˈfiːver)
2764. Investigación	- Research	- (rɪˈsertsh)
2765. Ansiedad	- Anxiety	- (æŋˈzaieti)
2766. Depresión	- Depression	- (dɪˈpreshen)
2767. Estrés	- Stress	- (stres)
2768. Experimento	- Experiment	- (ɪkˈsperement)
2769. Especie	- Species	- (ˈspiːshiz)
2770. Ecosistema	- Ecosystem	- (ˈiːkouˌsɪstem)
2771. Medio ambiente	- Environment	- (ɪnˈvaɪerənment)
2772. Laboratorio	- Laboratory	- (ˈlæberəˌtoːri)
2773. Célula	- Cell	- (sel)
2774. Presión arterial	- Blood pressure	- (blad ˈpresher)
2775. Ataque al corazón	- Heart attack	- (jɑːrt eˈtæk)
2776. Dolor de cabeza	- Headache	- (ˈjereɪk)
2777. Dolor de garganta	- Sore throat	- (soːr throʊt)

2778. ADN   - DNA (Deoxyribonucleic Acid) - (diːˌenˈei)
2779. Genética   - Genetics   - (yiˈnɛtiks)

Español	Inglés Palabra	Pronunciación
2780. Evolución	- Evolution	- (ˌɛveˈluːshen)
2781. Molécula	- Molecule	- (ˈmalɪˌkiul)
2782. Estrella	- Star	- (staːr)
2783. Cosmos	- Cosmos	- (ˈkazmas)
2784. Gravedad	- Gravity	- (ˈgræviti)
2785. Química	- Chemistry	- (ˈkemistri)
2786. Átomo	- Atom	- (ˈætem)
2787. Ecología	- Ecology	- (iˈkaleyi)
2788. Biodiversidad	- Biodiversity	- (ˌbaioʊdaiˈverseti)
2789. Microorganismo	- Microorganism	-(ˌmaɪkrouˈoːrgenɪzem)
2790. - Energía	- Energy	- (ˈenerdyi
2791. Reacción química	- Chemical reaction	- (ˈkemɪkel riˈækʃən)
2792. Biología marina	- Marine biology	- (meˈriːn baiˈalədyi)
2793. Ecología forestal	- Forest ecology	- (ˈfarɪst iˈkaleyi)
2794. Astronomía	- Astronomy	- (eˈstranemi)
2795. Telescopio	- Telescope	- (ˈtɛlɪˌskoʊp)
2796. Planeta	- Planet	- (ˈplænɪt)
2797. Energía	- Energy	- (ˈɛnərdyi)
2798. Fuerza	- Force	- (foːrs)
2799. Movimiento	- Motion	- (ˈmeushen)
2800. Velocidad	- Speed	- (spiːd)
2801. Aceleración	- Acceleration	- (ekˌseleˈreishen)
2802. Gravedad	- Gravity	- (ˈgrævɪti)

2803. Física   - Physics   - (ˈfɪziks)
2804. Átomo   - Atom   - (ˈætem)

Español	**Inglés Palabra**	**Pronunciación**

2805. Molécula   - Molecule   - (ˈmalɪˌkiul)
2806. Electricidad   - Electricity   - (ɪlekˈtrɪsɪti)
2807. Magnetismo   - Magnetism   - (ˈmægneˌtɪzem)
2808. Onda   - Wave   - (wu-eɪv)
2809. Partícula   - Particle   - (ˈpɑːrtɪkl)

2810. Elemento   - Element   - (ˈelɪment)
2811. Compuesto   - Compound   - (ˈkampaund)
2812. Reacción química   - Chemical reaction   - (ˈkemɪkel
       riˈækʃən)
2813. Calor   - Heat   - (jiːt)
2814. Luz   - Light   - (laɪt)
2815. Enfermedad   - Disease   - (dɪˈziːz)
2816. Virus   - Virus   - (ˈvaɪres)
2817. Coronavirus   - Coronavirus   - (ˈkarenaɪveres)
2818. Pandemia   - Pandemic   - (pænˈdemɪk)

2819. Contagio   - Contagion   - (kenˈteɪdyen)
2820. Síntomas   - Symptoms   - (ˈsɪmptemz)
2821. -
2822. Presión   - Pressure   - (ˈpresher)
2823. Temperatura   - Temperature   - (ˈtemperətsher)
2824. Volumen   - Volume   - (ˈvalium)
2825. Densidad   - Density   - (ˈdensiti)
2826. Termodinámica   - Thermodynamics   - (ˌtheːmeʊdaɪˈnæmɪks)

2827. Cinética   - Kinetics   - (kɪˈnɛtiks)
2828. Fiebre   - Fever   - (ˈfiːver)
2829. Tos   - Cough   - (kaf)
2830. Tratamiento   - Treatment   - (ˈtriːtment)

2831. Lavado de manos   - Hand washing   - (jænd 'wuashiŋ)
2832. Desinfectante   - Disinfectant   - (ˌdɪsɪn'fektent)

Español	Inglés Palabra	Pronunciación
2833. Distanciamiento físico	- Physical distancing	- ('fɪzɪkel 'dɪstensiŋ)
2834. Protección	- Protection	- (pre'tɛkshen)
2835. Cierre	- Lockdown	- ('lakdaun)
2836. Dificultad respiratoria	- Shortness of breath	- ('shorːtnes af brɛth)
2837. Infección	- Infection	- (ɪn'fekshen)
2838. Cuarentena	- Quarantine	- ('kuɒrentiːn)
2839. Aislamiento	- Isolation	- (ˌaɪse'leɪshen)
2840. Distanciamiento social	- Social distancing	- ('seushel 'dɪstensiŋ)
2841. Mascarilla	- Mask	- (mæsk)
2842. Vacuna	- Vaccine	- ('vækˌsiːn)
2843. Inmunidad	- Immunity	- (ɪ'miuːnɪti)
2844. Cuarentena obligatoria	- Mandatory quarantine	- (ˌmænde'tori 'kuerɛnti)
2845. Acupuntura	- Acupuncture	- ('ækiuˌpanktsher)
2846. Tratamiento	- Treatment	- ('triːtment)
2847. Vacuna	- Vaccine	- ('vækˌsiːn)
2848. Inyección	- Injection	- (ɪn'dyɛkshen)
2849. Rastreo de contactos	- Contact tracing	- ('kantækt 'treɪsɪŋ)
2850. Emergencia sanitaria	- Health emergency	- (jɛlth ɪ'merdyensi)
2851. Medicina alternativa	- Alternative medicine	- (al'teːnetɪv 'mɛdɪsen)
2852. Hospital	- Hospital	- ('jaspɪtel)
2853. Enfermera	- Nurse	- (neːrs)

2854. Paciente	- Patient	- ('peɪshent)
2855. Terapia	- Therapy	- ('thɛrepi)
2856. Medicamento	- Medication	- (ˌmɛdɪ'keɪshen)
2857. Homeopatía	- Homeopathy	- (ˌjeʊmɪ'apethi)

Español	**Inglés Palabra**	**Pronunciación**
2858. Quiropráctica	- Chiropractic	- (ˌkaɪre'præktik)
2859. Hierbas medicinales	- Medicinal herbs	- (mi'dɪsɪnel erbz)
2860. Suplemento	- Supplement	- ('sapliment)
2861. Vitaminas	- Vitamins	- ('vɪtemɪnz)
2862. Receta	- Prescription	- (prɪ'skrɪpshen)
2863. Dosificación	- Dosage	- ('dousɪdch)
2864. Efectos secundarios	- Side effects	- (saɪd ɪ'fekts)
2865. Reacción alérgica	- Allergic reaction	- (e'leːrdyɪk rɪ'ækshen)
2866. Diagnóstico	- Diagnosis	- (ˌdaɪəg'noʊsɪs)
2867. Consulta médica	- Medical consultation	- ('mɛdɪkel kansəl'teɪshen)
2868. Analgésico	- Analgesic	- (ˌænel'dyiːzɪk)
2869. Antibiótico	- Antibiotic	- (ˌæntɪbaɪ'atɪk)
2870. Antiinflamatorio	- Anti-inflammatory	- (ˌæntiɪn'flæmeˌtoːri)
2871. Antiséptico	- Antiseptic	- (ˌæntɪ'septɪk)

Capítulo 17
50 frases más importantes usadas en inglés

Español	Frase en Inglés	Pronunciación
2873. ¡Hola!	- Hello!	(jelou)
2874. ¿Cómo estás?	- How are you?	(jao ar you)
2875. ¿Cuál es tu nombre?	- What's your name?	(gu-ats yor neim)
2876. Sí.	- Yes.	(yes)
2877. No.	- No.	(nou)
2878. ¿Cuánto cuesta?	- How much does it cost?	(jao mach dos it cost)
2879. Necesito un médico.	- I need a doctor.	(ai niid e dactor)
2880. Estoy perdido/a.	- I'm lost.	(ai lost)
2881. ¿Puedes hablar más despacio?	- Can you speak slower?	(can yiu espik eslouer)
2882. Puedo tener la cuenta?	- Can I have the check/bill?	(can ai jaf de chek bil)
2883. Tengo hambre.	- I'm hungry.	(aim jangri)
2884. Tengo sed.	- I'm thirsty.	(aim thristi)
2885. ¿Hablas español?	- Do you speak Spanish?	(du yiu espik espanish)
2886. ¿Dónde está el cajero automático más cercano?	- Where is the nearest ATM?	(gu-er is de nirest ei ti em)
2887. ¿Qué es esto?	- What is this?	(gu-at is dis)
2888. No sé.	- I don't know.	(ai don nou)
2889. ¿Está ocupado este asiento?	- Is this seat taken?	(is dis sit teiken)
2890. ¿Puedes repetir eso?	- Can you repeat that?	(can you repit dad)
2891. ¿Qué hora es?	- What time is it?	(gu-at taim is it)
2892. No hablo inglés.	- I don't speak English.	(ai dont espik english)

2893. No entiendo.   - I don't understand.   (ai dont andertand)
2894. ¿Puedes ayudarme?   - Can you help me?   (can yiu jelp mi)
2895. Nos vemos luego   . - See you later.   (sii iu leirer)
2896. ¿De dónde eres? -   Where are you from?   Gu-er ar iu from)

2897. ¿Dónde está el baño? - Where is the restroom? (gu-er is de restrum)

2898. ¿Es seguro aquí? -   Is it safe here?   (is it seif jir)
2899. Buenas tardes.   - Good afternoon.   (gud afternun)

2900. Buenas noches   . - Good evening.   (gud ivinin)
2901. Que tengas un buen día. - Have a nice day.   (jaf e nais dei)

2902. ¿A qué te dedicas?   - What do you do?   (gu-at du iu du)
2903. ¿Puedo ver el menú, por favor? - Can I have a menu, please? (can ai
    jaf e meniu, plis)
2904. Cómo llego a...?   - How do I get to...?   (jao du ai get tu)
2905. ¿Cuál es tu número de teléfono? - What is your phone number? (gu-at is
    yur foun namber)
2906. Lo mismo para mí.   - I'll have the same.   (ail jaf de seim)
2907. Encantado/a de conocerte.   - Nice to meet you.   (nais tu miit iu)

2908. Gracias. -   Thank you.   (Tenkiu)
2909. De nada. -   You're welcome.   (Yur gu-elcom)
2910. Por favor. -   Please.   (plis)
2911. Disculpa. -   Excuse me.   (ekskiusmi)

2912. Lo siento.   - I'm sorry.   (aim sorri)
2913. ¿
2914. ¿Cómo está el clima hoy? - What's the weather like today? (gu-at di gu-
    eder lai tudei)
2915. Te quiero. -   I love you.   (ai loviu)
2916. Buenos días. -   Good morning.   Gud marning)

2917. ¿Puedo probármelo?   - Can I try it on?   (can ai trai i ton)
2918. ¿Cuál es tu comida favorita? - What's your favorite food? (gu-ats yur
    feivort fud)

2919. Estoy buscando un hotel. - I'm looking for a hotel. (aim luking for a joutel)

2920. ¿Qué tan lejos está?   - How far is it?   (jao far is it)

2921. ¿Puedes recomendar un buen restaurante? - Can you recommend a Good restorant?   (can yiu ricamend e guud ristoran)

2922. ¡Puedo tomar una foto? - Can I take a photo?   (can ai teik e foro)

2923. Voy al aeropuerto. -   I'm going to the airport.   (aim going tu de erport)

2924. ¿Puedes mostrarme en el mapa? - Can you show me on the map? (can iu shou mi on de map)

2925. ¿Qué tan lejos está la gasolinera más cercana? - How far is the nearest gas station? (jao far is de nirest fas esteishen)

2926. ¿Cuál es la mejor manera de llegar allá? - What's the best way to get there? (gu-ats de best gu-ei tu get dere)

2927. ¿Dónde puedo comprar boletos? - Where can I buy tickets? (gu-er can ai bai tikets)

2928. ¿Puedo tener un vaso de agua, por favor? - Can I have a glass of water, please? (can ai jaf e glas of guarer, plis)

2929. ¿Dónde puedo encontrar una farmacia? - Where can I find a pharmacy? (gu-er can ai faind e fermesi)

2930. Necesito ayuda.   - I need help.   (ai nid jelp)

2931. Tomaré un café, por favor. - I'll have a coffee, please. (ail jaf e cofi plis)

2932. ¿Qué hora es ahora?   - What's the time now?   (gu-ats di taim nao)

2933. ¿Podrías hablar más fuerte, por favor? - Could you speak louder, please? (cud iu espik laurer, plis)

2934. ¿Cuál es la fecha de hoy? - What's the date today?   (gu-ats di deit tudei)

2935. ¿Cómo se deletrea eso? - How do you spell that?   (jao du iu espel dad)

2936. ¿Puedo pagar con tarjeta de crédito? - Can I pay with credit card?   (can ai pei gu-it credit card)

2937. ¿Cómo regreso al hotel? - How do I get back to the hotel?   (jao du ai get tu de joutel)

2938. ¿Cuál es el pronóstico del clima para mañana? - What's the weather forecast for tomorrow? (gu-ats de gu-eder forcast for tumorrou)

2939. ¿Cuál es la contraseña del Wi-Fi? - What's the Wi-Fi password? (gu-ats de gua-ifai pasgord)

2940. ¿Puedo tener un color diferente? - Can I have a different color? (can ai jaf e difrent kolor)

2941. ¿Hay un banco cerca? - Is there a bank nearby? (is der a bank nerbai)

2942. Estoy perdido/a. ¿Puedes ayudarme a encontrar mi camino? - I'm lost.

2943. Can you help me find my way? (aim lost can yu jelp mi faind mai gu-ei)

2944. ¿Cuánto cuesta el boleto? - How much does the ticket cost? (jao mach dos di tiket cost)

2945. ¿Cómo llego a la estación de tren/autobús? - How do I get to the train/bus station? (jao du ai get tu de trein bas esteishen)

2946. ¿Cuál es el tipo de cambio? - What's the exchange rate? (gu-ats de ekscheinch reit)

2947. ¿Es seguro nadar aquí? - Is it safe to swim here? (is it seif tu suim jir)

2948. Estoy aquí de vacaciones. - I'm here on vacation.   (aim jir on veikeishen)

2949. ¿Puedo tener un recibo? - Can I have a receipt?   (can ai jaf e ricipt)

2950. ¿Puedes recomendar un buen libro? - Can you recommend a good book? (can iu ricomend e gud buuk)

2951. ¿Cómo puedo conseguir un taxi? - How can I get a taxi? (jao can ai get teksi)

2952. ¿Dónde está la oficina de correos más cercana? - Where is the nearest
    post office? (gu-er is de nirist poust afis)
2953. ¿Cuál es la fecha límite para este proyecto? - What's the deadline for this
    project? (gu-ats di dedlain for dis)

2954. ¿Puedes recomendar un buen lugar para comer? - Can you recommend a
    good place to eat? (can yiu ricomen e gud pleis tu it)
2955. ¿Cuál es tu película favorita? - What's your favorite movie? (gu-at your
    feivorit muvi)

2956. Estoy buscando un recuerdo. - I'm looking for a souvenir. (aim luking
    for e souvenir)
2957. ¿Puedo probarme esto? - Can I try this on?   (can ai trai dis guan)

2958. ¿Tienes un mapa de la ciudad? - Do you have a map of the city? (du iu
    jaf e mep of da siti)
2959. ¿Puedo tener un descuento? - Can I have a discount? (can ai jaf
    discaunt)
2960. ¿Puedes hablar más despacio, por favor? - Can you speak more slowly,
    please? (can yiu espik mur eslouli plis)

2961. ¿Están abiertos los fines de semana? - Are you open on weekends? (ar iu
    open on gu-ikends)
2962. No me siento bien. - I'm not feeling well.   (aim not filing gu-el)
2963. ¿Cuál es el mejor momento para visitar? - What's the best time to visit?
    (gu-ats di best taim tu visit)
2964. ¿Hay un baño cercano? - Is there a restroom nearby?   (is der e ristrum
    nerbai)
2965. No tengo cambio. - I don't have change.   (ai dont jaf e cheinch)

2966. ¿Puedo tener un menú en Español? - Can I have a menu in Espanish?
    (can ai jaf e meniu in spanish)
2967. ¿Hay un guía que hable inglés disponible? - Is there an English-speaking
    guide available? (is der an english espiking gaid eveilebol)

2968. ¿Puedes ayudarme con mi equipaje? - Can you help me with my luggage?
(can iu jelp mi gu-it mai luguesh)

2969. Necesito hacer una reserva. - I need to make a reservation. (ai nid meik e
riserveishen)
2970. ¿Puedes recomendar un buen lugar para comprar? - Can you recommend
a good place to shop? (can yiu ticamend e gud pleis tu shap)
2971. ¿Puedes hablar más despacio? - Can you speak more slowly?

2972. Disculpa, ¿podrías repetir eso? - Excuse me, could you repeat that?
2973. ¿Cómo estás hoy? - How are you today?

2974. Lo siento.   - I'm sorry.   (aim sorri)
2975. Muchas gracias.   - Thank you very much.   (thenkiu veri mach)
2976. ¿Cuál es la mejor manera de aprender inglés? - What's the best way to
learn English?   (guats de best gu-ei tu lern english)

2977. ¿Puedes ayudarme con las indicaciones? - Can you help me with
directions? (can iu jelp mi guit direkshen)
2978. De nada.   - You're welcome.   (yur guelcom)
2979. ¿Cuánto tiempo tomará llegar allá? - How long will it take to get there?
(jao long gu-il it teik tu get der)

2980. ¿Cuál es tu nombre? -   What's your name?   (guats yor neim)
2981. Mucho gusto.   - Nice to meet you.   (nais tu miit yiu)
2982. ¿De dónde eres?   - Where are you from?   (guer ar yiu from)

2983. ¿Cuántos años tienes?   - How old are you?   (jao old ar yiu)
2984. ¿A qué te dedicas?   - What do you do for a living? (guat du yiu du
for e living)
2985. No entiendo. -   I don't understand.   (ai dont anderstand)

2986. ¡Que tengas un buen día!   - Have a nice day!   (jaf a nais dei)

2987. ¿Qué hora es?   - What time is it?   (guat taim is it)

2988. ¿Me puedes ayudar, por favor? - Can you help me, please? (can yiu jelp mi plis)

2989. ¿Dónde está el baño más cercano? - Where is the nearest restroom? (guer is di nirist restrum)

2990. ¿Cuánto cuesta? - How much does it cost?   (jao mach dos it cost)

2991. ¿Cómo está el clima hoy? - What's the weather like today?   (guats di gueder laik tudei)

2992. No sé.   - I don't know.   (ai don nou)

2993. ¿Puedes ayudarme a encontrar mi camino de regreso? - Can you help me find my way back?

2994. Estoy perdido/a.   - I'm lost.   (aim lost)

2995. ¿Puedo tener la cuenta, por favor? - Can I have the check, please? (can ai jaf di check plis)

2996. ¿Puedo tomar una foto? - Can I take a photo?   )can ai teik e fotou)

2997. ¿Puedes recomendar un buen restaurante? - Can you recommend a good restaurant?   (can iu ricamend e gud restaurant)

2998. ¿Dónde puedo comprar boletos? - Where can I buy tickets?   (gu-er can ai bai tikets)

2999. ¿Cuál es la mejor manera de llegar al aeropuerto? - What's the best way to get to the airport?   (guats de best guei tu get tu de erport)

3000. ¿Cuál es tu comida favorita? - What's your favorite food? (guats yurfeivorit fud)

3001. ¿Puedo tener el menú, por favor? - Can I have the menu, please?   (can ai jaf di meniu plis)

3002. Tengo hambre.   - I'm hungry.   (aim jangri)

3003. Tengo sed.   - I'm thirsty.   (aim thisti)

3004. Necesito un médico. - I need a doctor.   (ai nid e doctor)
3005. ¿Hablas Español? - Can you speak Español?   (can iu espik espanish)
3006. Hablas inglés?   Do you speak English? (du iu esponk english)

3007. Estoy aquí por negocios. - I'm here on business.   (aim jir on bisnes)

3008. ¿Puedo tener un asiento junto a la ventana? - Can I have a window seat?
     (can ai jaf e guindou sit)
3009. Estoy aquí de vacaciones. - I'm here on vacation. (aim jir on vekeishen)
3010. ¿Cuál es tu color favorito? - What's your favorite color? (guats yur
     feivort kolor)

3011. ¿Qué tan lejos está la playa de aquí? - How far is the beach from here? (
     jao far is de bich from jir)
3012. ¿Puedo tener una copa de vino, por favor? - Can I have a glass of wine,
     please? (can ai jaf a glas of guain)

3013. ¿Cuál es el mejor momento para visitar? - What's the best time to visit?
     (gu-ats di best taim tu visit)
3014. ¿Cuáles son las últimas noticias? - What's the latest news?   (gu-ats di
     leirest nius)
3015. Me gustas mucho.   I love you so much.   (ai loviu si mach)
3016. Puedo tener una bolsa, por favor? - Can I have a bag, please? (can ai jaf e
     bag, plis)

3017. ¿Cuál es tu número de teléfono? - What's your phone number?   (gu-ats
     yor foun namber)
3018. Voy tarde.   - I'm running late.   (aim raning leit)
3019. ¿Está ocupado este asiento? - Is this seat taken?   (is dis sit teiken)
3020. ¿Puedo probarme esto? - Can I try this on?   (can ai trai di son)

3021. ¿Dónde puedo encontrar un taxi? - Where can I find a taxi? (gu-er can
     ai fain e teksi)

3022. ¿Cuál es el punto de referencia más cercano? - What's the nearest
    landmark?   (gu-ats di nirist)
3023. ¿Está lejos de aquí? - Is it far from here?   (is it far from jir)

Gracias